改訂増補版

地域社会の変動と文化

中藤康俊 著

大学教育出版

まえがき―改訂増補版にあたって―

この頃、新聞やテレビで「インバウンド」という耳慣れない言葉をよく聞く。これは、「訪日外国人」のことである。戦後、一部の欧米人の間では日本への憧れは強かったものの日本へのインバウンドは大きく伸びることはなかった。変化が表れたのは観光業界のさまざまな活動や政府が観光立国を重要な政策に掲げ、二〇〇七年に「観光立国推進基本法」を制定し、その翌年には観光庁が設置したからである。

訪日外国人は二〇一三年以降、急速に増加した。二〇〇五年に六七〇万人であった訪日外国人は一〇年後の二〇一五年には一九七三万人を数え、一九七〇年以来四五年ぶりに訪日外国人旅行者数が日本人海外旅行者数を上回ることになった。訪日外国人は二〇一八年にはじめて三〇〇〇万人を超え、一〇〇〇万人を超えた二〇一三年からわずか五年間で三倍にも急増した。この頃は東京から名古屋や大阪などのいわゆる「ゴールデンルート」だけでなく地方でも外国人をよく見かけるようになった。

観光庁の調査によると、二〇一五年の訪日外国人一人当たりの旅行支出額は一七万六〇〇〇円、旅行消費額は三兆四〇〇〇億円と推計されている。観光業界のみならず、百貨店をはじめ多くの業界から注目されるようになってきた。かつて、中国人観光客の「爆買い」が注目されたが、今はそういう動きは見られない。しかし、それでもインバウンドが新たな社会現象として新聞やテレビで取り上げられている。欧米人はもとよりアジアの人たちが日本文化に対して注目するようになってきたからではなかろうか。

筆者はサッカーが好きでよく県営陸上競技場にファジアーノの応援に行く。いつも選手と一万人近いサポーターが一丸となってJ1昇格をめざして応援する姿は何といえばよいだろうか。このエネルギーから何が生まれるのだろうか。かつて、ガンバ大阪で活躍した宮本恒靖は『日本サッカーの未来地図』（角川学芸出版、二〇一六年）のなかで「サッカーを文化にしたい」（一四九頁）と述べているが、筆者も同感である。岡山にはどんな文化が生まれるのだろうか。

旧著の改訂版を出版するのはそうした日本人の動きの根底に見られる日本文化の地域的な変動を明らかにしたものである。なお、本書の間違いの箇所は訂正し、足らざるところは加筆した。多くの人に読んでもらい、ご批判を仰ぎたいものである。

二〇一九年二月一一日

中藤康俊

はじめに

一九九〇年代の日本経済は「失われた一〇年」と言われた低成長時代であったが、その後も多少の変動はあったものの、基本的には低成長であったといえよう。その間、中国経済は年率一〇パーセントを超えるような高い成長を遂げ、ついに二〇一〇年には日本を追い越し、中国が世界第二位の経済大国になった。いま、わが国は時代の大きな曲がり角に差しかかっていると言っても過言ではない。新しい時代にふさわしい価値観が求められているが、すでにそうした価値観が芽生えつつある。それは「文化」活動である。

「文化とは何か」を定義することはむずかしい。しかし、少なくともその土地独特の「人間の生き方」こそが「文化」であろう。その土地の食や祭り、芸能、歴史、言語、風俗習慣などが「文化」である。「文明」が国境を超えて世界中どこでも通ずる人間の普遍的な生き方であるとすれば「文化」をこのように定義することが可能であろう。

高度成長期には「文化」にお金を使うことに批判的であったが、今日では政府はもちろん地方自治体、国民の間でも「文化」に力をいれるようになってきた。多くの国民が物質よりも精神的なものを求めるようになり、「生活の質」を重視するようになったからである。

かつて、木村尚三郎が「私たちは今、歴史的転換期を迎えている。不景気とか、低成長時代とか言った言葉ですませることができないような、時代の大きな曲がり角にさしかかっている。これまで人間社会の最大の目標であった進歩や発展、そして独立独歩の精神が後退して、新しい価値観が芽生えつつある。そうした価値観の変化を見極めることなくしては、社会の将来も見えてこない」(木村尚三郎『「耕す文化」の時代』PHP研究所、一九九二年、四三頁)と述べているように、時代の転換期にある現在、われわれは社会の変動との関係で「文化」の果たしている役割をあらためて再認識しなくてはならない。このような背景のもとに本書は次のような四点を日本の政治・経済・社会などの変化を踏まえ、地域社会の変動との関連において明らかにしたものである。

① 日本文化の特徴の一つとして重層性(三層構造)がしばしば指摘される。つまり、日本古来の伝統文化、中国大陸から流入した文化、西洋から流入した文化の三つである。伝統文化と新しい文化の関係はどうなのか。平準化と個性化をともないながら伝統的な文化が変容していく姿を明らかにしたい。

② 文化は人びとの価値観であり、生活様式であるとすれば、それぞれの地域に文化があり、文化はきわめて地域的に多様であるといえよう。日本の文化を外国文化と比較することも重要であるが、むしろアジアの国々、中国やインドなどと対比して日本文化の地域的多様性を明らか

にする必要がある。

③　今日、都市・農村を問わず地域の衰退ないしは空洞化が問題となっており、「まちづくり」「地域づくり」の観点からも文化が地域政策の手段として重要になってきた。それにもかかわらず、人口の減少・高齢化、若者の価値観の変化などによって伝統的な文化を維持することが難しくなってきたが、どう対応すべきであろうか。その一方で、新しい文化も芽生えつつある。新しい文化の担い手は誰か。「文化」を地域政策の一つとして考えると、その担い手をどう確保するかを考えなくてはならないであろう。

④　一九九〇年前後から世界は「グローバル化の時代」を迎えたが、いまこれにどう対応すべきかが問われている。グローバルに考え、ローカルに行動する必要性が今ほど求められているときはない。

本書の原稿をほぼ書き終えて推敲中、二〇一一年三月一一日一四時四六分頃、三陸沖を震源地とする「東日本大震災」が発生した。国内観測史上最大のマグニチュード九・〇という地震であり、死者・行方不明者が一〇万人を超えた関東大震災（一九二三年）以来の大惨事であった。地震の時の日本人の行動について海外から称賛の声が上がった。中国は「未曾有の大災害で見せた日本人の冷静な対応に驚きの声」「日本人の冷静さを絶賛『マナー世界一』の声」「あらためて証明された日本人の民度の高さ、世界の人びとに印象残す」「震災でも秩序保つ日本人、『人に迷惑をかけない』精神」などといった報道である。これこそが、日本人の行動様式であり、「日本文化」であろう。大切にしたいものである。

なお、本書は二〇一〇年九月から一年間、中国・北京の外交学院に中部大学との交流協定にもとづき交換教授として派遣された際、大学院の講義ノートを基礎としてまとめたものである。筆者は、日本でもたえず、「われわれは日本が世界をどう見ているかよりも、世界が日本をどう見ているかが重要である」と言ってきた。その意味では今回、中国で日本の文化を考え直すチャンスを与えられたことに感謝したい。

出版事情が極めて厳しいにもかかわらず、今回もまた快く引き受けていただいた大学教育出版の佐藤守社長に感謝したい。本書が広く多くの人に読まれることを期待するとともにご批判をいただきたい。

最後に、本書の執筆にあたっては万全を期して誤字・脱字のないようにするため外交学院の学生、趙展さんに目を通していただいた。趙展さんは、成績優秀で北京市の日本語スピーチ大会や英語アフレコ大会などで毎回優勝している。記して感謝の気持ちをあらわしたい。

二〇一一年四月

北京・外交学院国際交流センターにて

中藤康俊

改訂増補版　地域社会の変動と文化

目次

第一章　社会の変動と文化の創造

一．経済発展と国民生活

1

（一）　産業構造の転換と経済成長

戦争で荒廃した日本は食糧不足のため飢えをしのぎながら生きていくしかなかった。町の闇市で物不足を解消せざるを得なかった。「国敗れて山河あり」という言葉があるが、戦争で山は荒れ、川には水が流れていないという状況であった。戦後、度々台風が日本を襲ったが、その被害は想像を絶するものであった。小学校では授業を休んで山へ植林に行った。戦後、われわれは「豊かな日本をつくろう、平和な日本をつくろう」を合言葉に頑張った。アメリカ軍に占領されていた日本は一九五二年のサンフランシスコ条約によってやっと独立することができた。

一九五〇年六月二五日には朝鮮戦争がはじまった。韓国軍三万人と中国軍三万人、民間人あわせて八万人の死者が出た。民間人を含めた犠牲者は南北双方あわせて三〇〇万人を超すと言われ、多くの離散家族が生まれた。日本は朝鮮戦争の特需によって壊滅状態であった工業が復興し、経済復興の足がかりをつかんだ。あまりにも皮肉な結果であった。戦前から言われてきた四大工業地帯の復興である。

一九六〇年代以降のわが国経済が様々な矛盾を現しながらも、世界的にもまれにみる高度成長を短期間に達成した背景には産業構造の転換があったと言わなければならない。この時期のわが国の国民総生産、鉱工業生産はいずれも世界のどの国に比べても異常なほど高いものであった。しかし、製造業の伸びに比べ、農業生産の伸びは小さく、農工間の不均等発展は明確になった。そのため、国民総生産に占める農業総生産の占める割合は一九五五年の一五・二パーセントから一九七八年には三・三パーセントと大幅に後退してしまった。

こうしてみると、一九六〇年代のわが国経済の高度成長の過程は、同時に重化学工業を中心とする産業構造に転換する過程でもあったといえよう。政府は一九六〇年に国民所得倍増計画を策定し、積極的に高度経済成長政策を推進した。一九六二年には全国総合計画を策定し、これに基づいて同年には新産業都市建設促進法、六四年には工業整備特別地域整備法などを制定し、工業開発に取り組んだ。地域格差の是正のために工業の分散を考えたが、実際には東京湾から伊勢湾、瀬戸内海を経て北九州に至る、いわゆる太平洋ベルト地帯に集中する結果となった。この地域では、政府の税制上の優遇策、公共投資による道路、港湾などのインフラの整備が行われ、「投資が投資をよぶ」という状況がつくられ、人口の集中による大都市が生まれた。重化学工業化はけっして望ましいことばかりでなく、公害問題をはじめとする様々な都市問題が噴出することになった。しかし、それだけではない。この時期の経済成長政策は地域格差の是正を大きな課題にしながらも実際には格差を拡大する結果となった。そのため、都市では過密に伴う都市問題が、地方の農山村では過疎問題が深刻な問題となった。その結果、地方の農山村から多くの若者が都市を目指して流出し、農山村では人口の減少に伴い集落の維持さえ困難になった。

しかし、高度経済成長による国民所得の増大は消費を拡大し、テレビ・洗濯機・冷蔵庫などのいわゆる「三種の神器」と呼ばれる耐久消費財が普及し、国民の生活は一変した。また、食生活も洋風化し、クルマが普及し、レジャーが国民の間に広がった。国民の多くが音楽・演劇・スポーツなど文化的活動にとりくむようになった。

その後の日本経済はけっして順調に発展したわけではない。たびたび好不況を繰り返しながら今日に至っている。不況のたびに日本経済は技術革新に取り組み、アメリカに工業製品を輸出することによって不況を克服してきた。一九八五年にプラザ合意が決定されると、一九八〇年代後半から円高を克服するため次第に日本企業は、アジア、特に中国に進出することになった。

日本企業が中国に進出することによって国内の空洞化が問題になってきた。その結果、失業者が増え、商店街には空き店舗が増えて寂れるようになった。市街地は郊外に無秩序に拡大し、さまざまな問題が生じた。あらためて都市の再生、環境問題が市民の大きな関心事となってきた。

(二) 経済成長と「いざなぎ景気」超え

戦後のわが国は景気変動を繰り返しながら何回かの好景気と不景気を繰り返してきた。朝鮮戦争による特需で日本経済の土台が回復し、高度経済成長期に入るまでの一九五四年から五七年にかけての好景気がいわゆる「神武景気」である。神武天皇以来の好景気という意味でこう呼ばれた。戦後初めての好景気で、「三種の神器」と呼ばれたテレビ、冷蔵庫、洗濯機が急速に普及した時代である。一九五八年から六一年の「岩戸景気」、八六年から九一年にかけての「バブル景気」と続いた。バブル景気の時には土地や株が急速に上昇したことはよく知られている。「いざなぎ景気」というのは一九六五年から七〇年までの五七か月であり、日本経済が高度成長して経済大国になる時期である。

政府は二〇〇六年一一月の月例経済報告で二〇〇二年二月に始まった今回の景気拡大は戦後最長の五八か月となり、「いざなぎ景気」を超えたと発表した。今回の景気拡大は企業の好調な輸出拡大や設備投資に支えられたものである。非正規社員を増やして人件費を抑制するなどのリストラを背景にしており、家計への波及が見られないため国民の多くは好景気の実感がもてない。

総務省の家計調査によれば、所得のうちどれだけを貯蓄に回したかを示す、いわゆる「家計の貯蓄率」が二〇〇六年には単身世帯を除くサラリーマンの全世帯平均で八年ぶりに上昇した。三〇～五〇歳代の働き盛りの世代が消費を抑え、その分を預貯金や住宅ローンの返済にまわしたためである。景気が回復したとはいえ、国民の多くはまだまだ消費に回すという状況ではない。

日本経済に力強さが感じられないのは、企業のグローバル化は進んでいるものの、「内なるグローバル化」が進んでいないためであり、われわれは心を開き、開かれた日本経済を目指さなければならない。しかし、市場原理主義と新自由主義に基づくグローバリズムは過度の競争を招きかねないので貧富の格差を拡大するような構造改革にはたえず注意を払わなくてはならない。人間性を復活させ、資本やカネではなくヒューマニズムが息づくような社会を目指さなければならない。

総務省の発表によれば、完全失業者は二〇〇九年一二月に比べ、一〇年一二月には一九万人減少して二〇八万人であった。二二か月ぶりに三〇〇万人を下回ったが、水準は依然として高い状況がつづいている。完全失業率（一五歳以上の働く意欲のある若者のうち職に就いていない人の割合）は二〇一〇年には一五～二四歳で九・一パーセント、二五～三四歳では六・二パーセントと全体（五・二パーセント）に比べて高い傾向が続いている。二〇〇八年秋のリーマン・ショック以降、企業が新卒採用を絞り込んだ影響が大きい。政府の『労働経済白書』（二〇〇六年版）は「二〇代の所得格差が拡大し、固定化が懸念される」と述べている。一九九〇年代後半から二〇〇〇年代初めのいわゆる「就職氷河期」に社会に出た若者の中には正社員に比べて給与などの面で劣る非正規雇用（アルバイト、パート、派遣労働など）の従業員として働いている人が少なくない。非正規労働者は二〇〇五年に労働人口の約三二パーセントを占め、約一五九〇万人に上る。また、同白書は三〇代前半の男性の場合、正社員の五九パーセントが既婚者であるが、非正規雇用の男性では既婚者は三〇パーセント程度に過ぎず、正社員に比べて少なく、雇用が不安定なことが結婚を難しくしていると指摘している。非正規社員は二〇〇七年には四四万人も増加し、三三パーセントと前年に比べ〇・四ポイント上昇し、景気回復にもかかわらず非正規雇用が拡大する傾向が続いている。

(三) 国民生活と自由時間

高度に産業化した先進国では衣食住の基本的な生活条件が満たされて自由時間が増大し、「心の豊かさ」を求めつつ自らの「体」への関心も高まっている。スポーツ熱の高まり、自然食品の食生活、ダイエット志向、ビタミンブームなどは国民の多くが物の充足を得て心の豊かさに向かいつつあることを示すといえよう。健康の維持、自然とのふれあいなどを国民が求めているのである。総理府の「国民生活に関する世論調査」一九九七年によれば、「これからの生活の力点の推移」をみると一九八三年を境に「レジャー・余暇生活」に今後もっとも力を入れたいという人が多くなっており、一九九七年には全体の三六パーセントを占め第一位となった。

吉田昇らはＮＨＫ放送世論調査所が行った『日本人の勤労観』調査（一九七四年一〇月）の結果

をもとに人びとの「勤勉」な生活態度について次のように分析している。「いままでのようにあくせく働かず、むしろ、生活をたのしむことに力をそそぐべきだ」と考えるか、それとも、「いままでどおりいっしょうけんめい働くべきだ」と考えるかを二者択一で尋ねた。その結果、前者の考え（楽しみ志向）にたつものは、年齢段階が上がるほど少なくなり、逆に、後者（仕事志向）は年齢段階が上がるほど多くなるという。この結果、若い世代では「『何もあくせく働くことはない、人並みに働いていればそれでいいんだ。要は、生活をエンジョイすることだ』という意見が主流をしめており、『働きバチ』『モーレツ社員』『ガリ勉』といった生活態度に青年はひややかなまなざしをむけているようだ[1]」という。データが少し古いが現代もなお言えることであろう。

二　地域社会の変動

（一）都市化と混住化社会

国勢調査によれば、日本の人口は経済成長の始まった一九六〇年には九三四二万人であったが、その後五パーセントを超える勢いで増え続け一〇年後には一億人を超え、七五年には一億一二〇〇万人にまでに増加した。その後は増加したものの増加率は鈍化し、二〇〇五年には一億二七七七万人と三〇年間にわずか一五〇〇万人ほど増加しただけである。その後に、いわゆる少子高齢化が社会問題にさえなるのである。

経済成長期の人口移動の特徴は生活水準の向上などを求めて農村から都市へ、さらには小都市から大都市への移動である。わが国の都市人口は一九七〇年当時には五三・二パーセントを占めていたが、その後増え続け二〇〇五年には六五・八パーセントまでに増加した。増加した都市人口の多くは東京や大阪、名古屋などの大都市圏である。都市に人口が集中するにつれ市街地では人口が過密になり、住宅難や交通渋滞、環境問題、さらには地価の高騰などの問題が生じ、人口の郊外への分散がみられるようになった。

二〇〇五年の国勢調査によれば、昼夜間人口比率（常住人口一〇〇に対する昼間人口の割合）は、東京都が一二〇・六で最も高く、次いで大阪府が一〇五・五、愛知県が一〇一・七と、三大都市圏を含めた一五都府県で昼間人口が夜間人口を上回っている。一方、埼玉、千葉、奈良県など大都市の周辺部では昼夜間人口比率は低くなっている。大都市の周辺部では通勤・通学のために大都市へ流入する人が年々増えている。東京二三区への流入人口は三三三万人、大阪市へは一二三万人、名古屋市へは五一万人である。前回の国勢調査の時よりも減少しているものの交通問題はより深刻になっている。

この時期の経済成長が太平洋ベルト地帯の重化学工業化によって達成されたからであり、大都市圏の人口増加はこの時期の産業構造の変化を反映したものである。わが国の産業構造を産業別就業人口の比率でみると、二〇〇五年には第一次産業就業者は全体のわずか四・四パーセントであり、第二次産業就業者は二七・四パーセント、第三次産業就業者は六六・二パーセントである。工業化がさらに経済のサービス化を促進し、第三次産業就業者を増加させている。

こうした産業構造の変化と都市人口の増加は都市化を促進し、一九七〇年代以降全国くまなくはりめぐらされた道路に沿って至る所に出現したのがショッピングセンターやファミリーレストラン、中古自動車の販売店、パチンコ店などのロードサイドビジネスである。こうしてロードサイドビジネスが増えると今まで考えられなかった銀行や病院、スポーツ施設までが道路沿いに集まってくるようになった。新しいビジネスが増えると、農地が転用され、人口が増加してマンションやアパートが増え、学校ができ町ができた。こうした光景は全国どこでも見られる。その結果、吉見俊哉は「八〇年代以降の日本の国土を覆っていたのは、『都市』でもなく、『農村』でもない、文字通り『郊外』としか言いようのないタイプの空間であった」[2]という。

一九七〇年代以降の都市化と郊外化という大きな社会変動によって日本の農村は変貌を遂げることになった。農地は非農業的な利用に転用され、しだいに都市的な景観を呈するようになった。農家は兼業農家が増え、農業よりも非農業的な仕事に力をいれるようになった。そればかりか、農村の中に非農家が増え、いわゆる「混住社会」ができ、「ムラ」としてのまとまりを欠くようになった。もともと農村に住んでいた人、つまり旧住民と新しく外部から移住してきた人、つまり新住民との間の対立が増えるようになった。農家が農薬や化学肥料を散布するので生活環境が悪化するとか、農業用排水路の改修に非農家の人が非協力的であるという問題である。さらには、道路の改修や草刈など従来みんなでやってきた共同作業がうまくできなくなったという声が聞かれるようになった。また、運動会や秋祭りが実施できなくなったということもある。一方、学校や病院の不足、交通渋滞などの問題が新たに生じ、新旧住民にとって共通の課題となっている。さらには、二〇〜三〇年を経過すると駐車場の不足、子どもの独立、高齢者夫婦だけの世帯が増え、しだいに空き家になるというケースも見られるようになった(3)。

全国各地で大型ショッピングセンターや総合病院などが次々と郊外に移転し、都市は無秩序に広がった。その結果、中心市街地は寂れ、商店街に空き店舗が増え、シャッター通りが生まれた。個性のないビルが立ち並ぶ金太郎飴のような風景が各地に誕生した。内閣府がまとめた「小売店舗等に関する世論調査」によれば町の賑わいを維持するか、取り戻すべきという人が三分の一以上いた。それに対し、「郊外をよくすべき」という人は僅か一四パーセントであった。

バブル経済の影響で地価が高騰し、市民が住宅を求めて郊外に移住する傾向があったが、最近は都心回帰の傾向がみられるようになった。名古屋市の人口は一九九三年から四年間人口が減少していたが、その後増え、都心回帰が進み、二〇〇五年からは年間一万人のペースで増えており、二〇一〇年の住民基本台帳では二二五万人を突破した。すでに、都心回帰の流れは進んでいるが、今後強まることは間違いない。そのため、それぞれの地域の景観や歴史、生活様式を生かし、個性的で魅力的な「まちづくり」に取り組む必要がある。

(二) 人口の減少・高齢化と若者文化

わが国では、一九七〇年代から少子化の傾向がみられるようになったので、政府は一九九〇年代になって児童手当の拡充や保育所の増設など種々の少子化対策にもかかわらず、一九七三年には二・一四であった合計特殊出生率（ひとりの女性が生涯に生む子どもの平均数）は過去最低の一・二六にまで減少し、わが国の人口は二〇〇五年には戦後初めて減少に転じた。その一方で、六五歳以上の高齢者は増え続け、二〇〇七年には二一・五パーセントと世界で最も高齢化率の高い国になった。高齢化率は都市よりも農・山村で高く、人口減少に伴う過疎社会が問題となった。総理府統計局がまとめた資料によれば、二〇〇七年の六五歳以上の人口の割合は首都圏各県では二〇パーセント以下、近畿圏や名古屋圏各県では二〇パーセント前後であるが、山陰地方や四国、東北地方の各県は二五パーセントを超えており、とくに島根県は二八・二パーセントと全国で最も高い。

高齢化社会に伴い、農林業の担い手の減少、農地や林地の荒廃、学校や病院の閉鎖、役場の統廃合、バス路線の廃止など様々な問題が生じ、ますます過疎化を促進することになった。こうして、今までと同じような生活ができなくなってきた。いままで維持してきた祭や運動会も難しくなってきた。人口の高齢化率は二〇一〇年には二三・一パーセントであるが、一〇年後の二〇二〇年には二九・二パーセント、二〇年後の二〇三〇年には三一・八パーセントになるものと予想されている。したがって、今後、一層高齢化社会に対する対策を強化しなくてはならない。

このように、たしかに、高齢化社会に伴い種々の社会問題が生じていることは事実であるが、けっしてマイナスの面ばかりを強調するのは疑問である。やはり、高齢者のもつ能力あるいは元気なお年寄りの良さを発揮してもらうような仕組みが必要であろう。「二〇〇五年版高齢社会白書」では、企業を対象に実施した調査で高齢者は技術・技能を要する作業、対外調整・折衝といった仕事で評価が高い一方、創造的な発案・企画力で評価が低いという結果がでたと言うが、これを踏まえ、今後は高齢者の能力や経験を生かせる社会の実現が不可欠である。

経済の高度成長は急激かつ大きな都市化を進行させ、一九七〇年頃を境として「日本列島総都市化」とも言うべき情況を創りだした。その結果、旧来の家族と地域社会は崩壊し、青年はもはや旧来の家族や地域社会とは無縁の存在となった。音楽、ドラマ、マンガ、アニメなど「若者文化」と言われるものが登場したのはこの頃からである。高橋勇悦も「若者文化は昭和四三，四年頃の『反』文化から、四五年頃以降のヤング『脱』文化へ変身し、さらに不況の四八年頃を境にニュー・ヤング『脱』文化へ変身した。変化はかなり目まぐるしいが、今日の『脱』文化は現代社会から離脱しつつアイデンティティの形成を保留したままの中で、軽やかに、こだわらず、やさしく、そして『フィーリング』に生きている若者によってささえられている」という。[4]

(三)　女性の社会進出と家族

戦後の日本の大きな変化の一つは女性の社会進出であろう。戦前から「男は仕事、女は家庭」というわゆる「性別役割分業」が一般的であったが、女性の高学歴化、家事労働の合理化、子どもの減少と保育所の充実などによって女性の社会進出がめざましく広がった。女性の就業者は一九七八年には一二八〇万人に達し、全雇用者の三分の一を超えた。特に、既婚女性の就業率の伸びが著しい。

女性の社会進出に伴い、女性の欲求は服装、髪型、化粧などにおいて徐々に開放されていった。とくに、経済の高度成長に伴い一般家庭婦人にもある程度高価な化粧品を購入する経済的なゆとりが生まれてきた。副田あけみによれば、女性がお化粧する理由は「気分のひきしめ、気分転換、自己確認」[5]などであるという。とにかく、最近電車の中でお化粧をする女性が急激に増えたようである。[6]これも、日本文化の一面を現すのであろうか。

一般に女性の就業率はM字型、つまり仕事についていた女性も結婚によって引退し、子育てが終わると再び職場に復帰すると言われていた。ところが、若年層の女性の勤務年数も次第に長期化していった。つまり、共稼ぎの家庭が増えたのである。これには、前述したように保育所の増加や家事労働の合理化などが進んだことが挙げられるが、家計費は年々増加しても男性の賃金は余り増えないので女性が働かざるをえないという経済的事情もあろう。

しかし、女性の職場進出は量的には拡大しても「質」の向上、つまり女性の職場における地位の向上にはつながらないという問題がある。つまり、失業率の格差、性別による職種・職務内容の分離、賃金格差などに問題がある。性別役割分業社会は依然として変わらないままである。性別役割分業社会を共生型の社会に転換する必要がある。

戦後の日本社会のもうひとつの大きな変化は核家族世帯や単独世帯の増加、世帯人員の減少である。前述した女性の職場進出と合わせて考えると、大きい問題として浮かび上がってきたのが「カギっ子」、つまり子どもたちが学校から帰ってもお母さんが家にいないという家庭が増えたことである。子どもの非行が社会問題になってきた。

三．戦後システムの再編成

戦争で焦土と化した日本は立ち上がり、経済大国となった日本の国家経営はバブル崩壊まではおおむね機能してきた。戦後の日本を動かしてきた自民党政治は経済成長による果実を再配分することで富の平準化を図り、「一億総中流」と呼ばれるような平等社会を実現した。一九七〇年代に田中角栄元首相の「日本列島改造論」は自民党政治の象徴であったといえよう。

　ところが、一九八〇年代末の東西冷戦構造の終結の波紋は日本にも及んだ。グローバル化の波が本格的に押し寄せ、市場開放や規制緩和を迫った。一九九〇年代になると、バブル崩壊後の景気低迷から抜け出せず、政治もまた方向性を失うことになった。これまで機能してきた政治、経済、社会などの仕組みが根底から揺さぶられ、人びとは生き方や発想の転換を迫られることになった。戦後システムの限界が指摘されながら変革に踏み出せず、国民の間では閉塞感が漂っていた。

　小泉政権が誕生したのはまさにこの時であった。国民の八〇パーセントを超える人びとが小泉政権こそは何かを変えてくれるものと期待したのは言うまでもない。しかし、小泉政権が掲げる「小さな政府」はこれまでの平等社会とはまったく異なる優勝劣敗の社会であった。国民の中流意識は揺らぎ、「勝ち組」「負け組」と言う言葉さえ出まわるようになった。バブル経済崩壊後、日本経済は低成長時代が続き、ＧＤＰは二〇一〇年にはついに中国に追いこされ、四十数年維持してきた世界第二位の地位から第三位になった。一方、政治の面では与野党の対立がつづき、大相撲の世界では八百長問題がつづいていた。そこに、二〇一一年三月一一日、東日本大震災が発生し、関東大震災以来の大規模な震災が発生した。いよいよ、国民の間に閉塞感が強まった。若者の多くが野球や、サッカーでさわぎ、漫画やアニメなどに興味をもつのもこうした閉塞感を感じているからではなかろうか。

前述したように、戦後日本の経済成長は一九六〇年の池田内閣の所得倍増計画によって実行に移されたが、それを支えたのは一九四七年から四九年にかけて生まれたいわゆる「団塊世代」と呼ばれる人たちである。この時期は毎年二二七〇万人近い子どもが生まれた時代である。この時期には地方の農村から職を求めて大都市に大量に流出し、集団就職した。彼らは日本の高度経済成長を支えたので「金の卵」とさえ呼ばれた。

しかし、この膨大な人びとが都市に住みつこうとするのは容易なことではなかった。彼らはマイホームを求めて郊外に住むという生活様式を求めた。郊外の人口が増えると、幹線道路沿いにはショッピングセンターができ、ファミリーレストラン、薬局、自動車販売店などが増えた。その結果、「八〇年代以降の日本の国土を覆っていたのは、『都市』でもなく、『農村』でもない、文字通り『郊外』としか言いようのないタイプの空間であった」(7)。

吉見がこのような郊外を「戦後核家族の『幸せなマイホーム』が演じられる舞台であると同時に、そのようなドラマが内側から崩壊していく現場でもあった」(8)というように、次第に家族と家庭が崩壊していくことになった。テレビや携帯電話などの新しいメディアが浸透すると、一人ひとりが自由に外部と話ができるようになり、「家族の共同性が営まれるべき場としての家庭は、物理的には閉じていても、電子的には分解し、広域的なネットワークの端末群を成していく」(9)。

近年、数か月を超える長期間、会社や学校に行かず、家族はもちろん家族以外とも親密な対人関係のないいわゆる「ひきこもり」と呼ばれる人が増えている。一説には全国で一〇〇万人を超えるとも言われている。彼らは食事の時以外は家族とほとんど顔を合わさず、自分の部屋に閉じこもってテレビゲームに没頭したり、漫画やアニメに夢中になるというタイプである。家庭の崩壊や親子の断絶が大きな話題になるのもこうした背景からであろう。

今日、「オタク文化」という言葉がしばしば聞かれるようになった。「オタク」とは何か。これを定義することは極めて難しい。あえて定義するとすれば、広義には「大人になっても子どもが夢中になるような趣味をやめない人たち」、狭義には「秋葉原で楽しんでいる二〇歳以上の大人」と言われているが、必ずしも大人だけではないであろう。大人の幼児化が進むと責任力が低下する。現代の日本ではひとりでも楽しめる時間の使い方が多様化・高度化したので「オタク」たちの趣味を作り出し、昔より人間の関わりあいがはるかに薄らいだ。趣味に没頭できることは素晴らしいことであるが、人と関わりあうことも大切であり、これらをバランスよくすることが必要である。

四．グローバリゼーションの時代

今日、われわれは地球上のどこに住んでいても瞬時に情報を入手することができるし、また発信することもできる。われわれは時間と空間を超えて一つの世界に住んでいるといってよい。国境を越えて地球規模に拡大するのは情報だけではない。交通・通信の発達によって人、物、金、情報などあらゆるものが国境を越えて移動しており、世界はますます相互依存度を高めている。また、多国籍企業の展開による経済のグローバル化は国境を超えてヒト、モノ、カネの移動を活発にさせている。このような国境を越えた市場経済はこれまでの国民経済という枠組みを流動化させ、世界の一体化をもたらしつつある。

二〇〇八年にアメリカの大手証券会社リーマン・ブラザーズが経営破綻したが、金融危機は世界を駆け巡り、世界は経済危機に陥った。これまで機能してきた政治・経済の仕組みが根底から揺さぶられ、人びとは生き方や発想の大きな転換を迫られた。まさに混迷の時代である。

いずれにしても、急速な勢いで進展する情報通信革命と多国籍企業の展開によって、地球は次第に縮小し、世界は一つになりつつあると言ってよい。貿易や投資の障害を取り除き、国境を越えて経済的に相互依存関係が強まる動きは従来の「国民経済」の枠組みを壊しつつある。横浜国立大学の教授であった宮崎義一は こうした動きを「国民経済のたそがれ」と表現した。

さらに、資本主義市場経済を維持しながら国民経済の枠組みから脱皮していくつかの国民経済を統合したよりいっそう大きな経済的枠組みを模索する動きも見られる。経済統合から政治統合に向かっているＥＵ、同じく経済統合を進めているＮＡＦＴＡ（北米自由貿易協定）などがその具体的な現れである。

このように、何らかの形で世界が統合の方向に向かう流れがあるかと思えば、他方では国民国家の弱体化に伴って、民族主義が台頭し、世界は分裂の方向に向かっているともいえる。いずれにしても、国境は希薄になり、他方では複雑になっているといえよう。今後、細分化された国家は一民族一国家、一部族一国家となるかもしれない。この意味では、二一世紀の世界は「統合と分裂」の時代といってもよかろう。東西冷戦構造の崩壊、世界市場の一体化、国境を越えた情報通信の急速な拡大など、どれをとっても一〇年前には誰も予想しなかったような動きである。国民国家の枠組みを前提とした「国際化」とは異なり、国家の枠組みに挑戦するような動きこそ「グローバリゼーション」である。一体化が進む一方で、地域間の対立や民族紛争の激化など「統合と分裂」の力学が並存する現代こそ普遍性と多様性という二つの価値観をどのようにして統一させるかは大きな課題となっている。

ところで、今日グローバリゼーションは人類を繁栄に導くのか、それとも破滅に導くのかは議論が分かれている。さまざまな規制を取り払って市場における完全競争によってこそ経済成長は可能であり、経済的問題も解決できるという経済成長至上主義こそグローバリゼーションであるという考え方がある。これを世界的規模で実現しようというのである。WTOこそはグローバリゼーションの推進を目的としたもので世界銀行、OECDなども同じような考え方である。

これに対して、規制緩和・自由化・市場開放などによってグローバリゼーションを進めることは社会的に持続不可能であり、不公正をますます拡大するだけであるとして、グローバリゼーションに反対する人も少なくない。グローバリゼーションによって多国籍企業への富と権限の集中が進み、富の公正な配分、環境保護、労働者の保護、社会福祉の充実などが困難になりかねない。WTO体制の強化こそはグローバリゼーションをいっそう加速させるものだとして、市民団体やNGOなどは強く反対している。グローバリゼーションは世界を一元的に統合しようとしているのではなかろうか。文化は歴史や記憶の深さと結ばれてつくられるものである。それぞれの地域には固有の自然と歴史がある。「地域」というローカルな世界から再出発できないだろうか。

このようなグローバリゼーションがある一方で、ローカリゼーションを目指す動きもみられる。このような動きは、経済の効率性だけを追求するのではなく、地域の独自性、多様性を踏まえ、地域の自律と魅力を創出するような地域づくりをめざしたものである。「国家や世界という地理的な空間以外に、国内の地方や国境を越えて形成される地域がきわめて重要な意味を持ちつつある。……

冷戦の終結によって、世界を分断していた境界線が急速に相対化する一方で、新しい地域や小地域の間の社会関係の凝集が認識されるようになり、新たなアイデンティティが形成されつつある。それは境界線の引きなおしであるとともに相対化でもある」[10]。

今後の方向としてはグローバル化した経済からローカルな自立した地域経済までさまざまなレベルの圏域が存在する重層的な経済社会へと向かうものと考えられる。その意味では「グローカリゼーション」こそが求められるべきであろう。都市と農村が交流し、相互に補いあってひとつの地域をつくるべきで、多くのコミュニティが結びつき、みんなで支え合う社会が望ましいのではなかろうか。

五．文化創造の時代

高度経済成長の終焉とともに二度のオイルショックを経た頃から、「文化」の重要性が指摘されるようになった。経済的に豊かになった国民が物質的な充足から精神的な充足を求めるようになった。こうした国民の要望を踏まえて、行政や産業界でも「文化」をキーワードにした活動が活発になってきた。

従来は行政における「文化」とは文化庁の文化行政の一環として文化財の保護や芸術文化の振興

が取り上げられることが多く、自治体では教育委員会の業務であった。ところが、一九八〇年代に入ると、行政全般にわたって「文化」の視点が必要であるという認識が広がり、従来の縦割り行政の弊害を除去し、「まちづくり」や「生活文化」の問題に対して行政が一丸となって取り組むようになった。

現代は世界的にリーマンショック後の不況から脱却できず、日本経済も危機的状況と言っても過言ではない。それにもかかわらず、資本主義の活性化を求めて新自由主義の政策を取り、公共部門の民営化、規制緩和、社会福祉の削減などによって政府は財政再建を進めようとしている。

このような潮流の中で東京だけでなく地方でも地域経済の空洞化、人口の減少などが進んでいる。そこで、全国どこでも町やムラの魅力が失われ、活力がなくなってきたので、いま全国各地で魅力的で個性的なまちづくり、ムラづくりが求められている。文化の創造に町やムラの活性化を期待しているのである。従来のように、機能や効率を優先させるのではなく、美しさや個性、潤い、楽しさなどを重視する必要がある。地方分権をすすめ、一極一軸型の国土構造を多極多軸型の国土構造に転換し、ネットワーク型社会の形成に力を注がなくてはならない(22)。

六．芸術活動と創造空間

（一）文化の振興と創造空間

芸術活動の面からみると次の二点が指摘できる。その一つは文化の振興である。かつて、地方にはそれぞれの地域に個性的で特色のある文化が存在していたが、「地方経済の空洞化によって、地方そしてその中心都市は、それぞれ固有な市場経済の基盤を失い、それが市場経済のものであれ、またパトロン型のものであれ、自らの文化を新たに発展させることが困難となっていった。『地方文化の空洞化』である。さらに、生じて来たのが、そして、同時に地方文化の空洞化を加速したのが、地方における『成長文化への脅迫的なコミットメント』である」[12]。

経済の高度成長は大量生産―大量消費を軸に大衆社会状況を加速させ、地域社会の経済に一定の波及効果をもたらしたのは事実であるが、「この影響を文化面から見ると、文化の均質化が進む過程にほかならない」[13]。その結果、「中央文化による地方文化の侵食に歯止めをかけ、地域に根ざした独自の文化的個性と特質の発掘・継承・創造・発信に力を注いで、地域アイデンティティの確立を目指そうとする動きも見られるようになり、……地方文化の復権と地域の内発的発展の観点から捉えなおされるべき」[14]である。一九七〇年代前半に中央政府に対抗する「革新自治体」が誕生すると、にわかに「地方の時代」が提唱され、地方文化が見直され、観光、スポーツ、イベント、演劇、祭り、伝統的な郷土料理、郷土芸能などを通じて地方文化・スポーツを掘り起こそうとする運動が活発になってきた。「地域における『文化』の発展と成熟は、豊かで健全な新しい地域づくりのためには不可欠なファクターである」[15]。

第二は文化の振興と空間の関係である。戦後の日本は食料をはじめモノ不足に苦労したが、一九六〇年前後から日本経済が高度成長過程に入ると国民は「モノ」の豊かさを謳歌した。その後に「コト」の豊かさを求めるようになった。最近では国民の多くが「空間」の豊かさを求めるようになった。美術館も単に有名な人の絵を鑑賞するだけでなく、美術館とその周囲も含めて「空間」の豊かさの創造、つまり創造空間（クリエイティブな空間）が非常に重要になってきた。

(二) 金沢二一世紀美術館

美術館はもともと作品の収蔵庫として始まったものであるが、それが展示会場となり、最近では「創造空間」となり、新しい価値観を探求、創造・発表する場となっている。同時に最近では地域振興や観光資源としての役割も果たすようになった。

金沢二一世紀美術館はもともと金沢大学付属小・中学校があった二六〇〇〇平方メートルという広大な場所に二〇〇四年に開館したものである。建物は地下一階、地上一階で敷地のほぼ中央にあり、延べ床面積は一七〇〇〇平方メートルで、容積率は六三パーセントと美術館の周りにかなり広く「広場」をとっていることに特徴がある。美術館の館長・秋元雄史が「金沢二一世紀美術館や直島・豊島といった瀬戸内海にあるアートサイトなど、二〇〇〇年以降につくられた現代アート施設と同様、人が集うことができる『広場』的な役割を持っています。かつてのような緊張を強いられる美術館ではなく、むしろ気分を開放する場所です」（秋元雄史『日本列島「現代アート」旅する』（小学館新書、二〇一五年、一〇四頁）というように美術館にとって「広場」（注、ヨーロッパには広場という公の空間があるが、日本にはない）が創造空間として大きな意味を持つのであろう。

ヨーロッパの都市では古くから「広場」が都市の重要な空間として位置付けられてきたが、日本の都市には広場がなかったと言われる（鳴海邦廣『都市の自由空間』学芸出版社、二〇〇九年、一三八頁）。日本では「路」という言葉と「道」という言葉がある。黒川紀章は「『路』が儀式と祭りと権力の示威の場であったとすれば『道』は市民生活の場であり住空間の延長として、個々の生活空間を都市へつなぐ場であった。『道』は交通の機能ばかりでなく、西欧の『広場』が果たしていた生活空間としての機能も兼ね備えていた」（黒川紀章『空間の思想』白馬出版、一九七七年、二〇九〜二一〇頁）という。岡山市もその例外ではない

篠原修が言うように「機能性を重視した近代合理主義に代わるアメニテイ、エコロジー、アイデンティティという三つの価値観はわれわれが望む生活空間を将来にわたって指し示すことにな

ると考えられる」（篠原修『篠原修が語る日本の都市　その伝統と近代』（彰国社、二〇〇六年、一〇〇頁）。長い間、市民会館と市民文化ホールの移転が岡山市の懸案事項であったが、つい最近移転先として表町商店街の南端、千日前に決まり、これから工事が始まる。二〇二二年には地上六階、地下二階の新市民会館「岡山芸術創造劇場（仮称）」がオープンする予定である。文字通り岡山市民の「芸術創造劇場」になることを期待するものである。

二〇一八年一一月二三日、新市民会館のあり方を考える集いが開かれた。山陽新聞（二〇一八年一一月二四日）によれば、「市民が集まり、つながりを持てる場所」という意見が出たという。この意見に異論はないが、それは新市民会館の中だけでなく、意外にも外にもあるはずである。そういう意味では「広場」が欠かせない。表町商店街を含む街全体を「広場」と考えると、路面電車の環状網化は有効である。

金沢二一世紀美術館には美術館の建物は総ガラス張りの円形で開放的で、正面といえる面がなく、どこからでも入れる。金沢城や兼六園、香林坊などにも近い。個々の展示室は独立したもので鑑賞者はどれでも好きな展示室から自由に見ていくことができる。丸い円形の建物の真ん中に美術展示館があり、円周部分に市民交流施設がある。外周部分が無料の交流ゾーンで、中央部分は展覧会ゾーンとなっている。美術館の中央にはジェームズ・タレルの「ブルー・プラネット・スカイ」が展示されている。天井の開口部から自然の光を取り入れ、光の効果を表す。そこに人工の照明をあて、光の体験をする。ブルーから濃青、黒へと空の色が変化する。日没、三〇分前からが最も美しい。四季を通じて朝から晩まで絶え間なく、変化する光を体感することができる。

また、多数の作品を無料で見ることのできる範囲を広くとっており、一階と合わせて市内の芸術団体や学校の展覧会、新聞社主催の展覧会などにも貸し出されている。二一世紀美術館は「まちに開かれた公園のような美術館」で市民に親しまれ、「二一美」とか「まるびい」という愛称で呼ばれている。学校教育のなかでは対応しきれない創造性や空想力を伸ばす場所としても活用されている。

開館以来、美術館は大きな成果を上げ、開館当初は一五〇万人前後で推移していた観客が、二〇一五年には二三七万人を超え、国内の美術館としては国立科学博物館や国立美術館を抜き、全国第一位となった。これには二〇一五年の北陸新幹線の開業も影響していると思われる。まったく、金沢駅に降りたとき感じることは観光客が多く、異常な雰囲気である。二一世紀美術館でも人の多いことにびっくりした。

やはり、都市を支えるのは「ヒト」である。筆者は一九六〇年代に金沢大学の教職員組合で人事・給与対策委員長として大学病院の看護婦さんの待遇改善に取り組んだことがある。いまと違って当時は看護婦さんにも「正」看護婦と「准」看護婦があって待遇が異なり、ほかの病院から転勤してきた人の待遇は病院のベッド数にも左右されていた。ベッド数が一〇〇以上の病院とそれ以下の病院とでは待遇が異なっていた。筆者は小さな病院ほど大変だろうと思ったが、待遇は悪かった。採用される看護婦さんの多くは能登や富山の人であった。つまり、当時の看護婦さんは今と違って厳しい仕事であったのである。二一世紀美術館で感じたことは多くの観光客は金沢城や兼六園から来たか、あるいはこれから行くであろう人たちである。金沢の繁栄はあたかも金沢の「ヒト」がつくり出しているように言う「ヒト」がいるが、もちろんその面を否定するわけではないが、都市の活動を支えているのは周辺の「ヒト」である。今の金沢を支えているのは北陸新幹線の開通による東京の「ヒト」たちである。

金沢は全国有数の観光都市である。金沢は「一〇〇万石の城下町」として江戸時代からの古い文化と明治以来の新しい文化が融合した街である。人口規模からしてけっして大きな都市ではないが、残されたものに新しいものを付加して魅力的な街である。誰もが一度は訪れたいと思うのは当然のことである。兼六園から見る金沢の町、石川門から見る金沢城は多くの人に金沢の魅力を感動させる。

二〇〇一年には経済界や市民が主体になって「金沢創造都市会議」を設立し、「創造都市」を目指して運動を開始した。金沢市の積極的な文化行政が一九五〇年から五期二〇年にわたって市長を務めた山出　保氏によって進められた成果である。山出氏の「まちづくり」の情熱は先に出版された『まちづくり都市　金沢』（岩波新書、二〇一八年）に著わされている。

なお、近年音楽を活用した「まちづくり」が盛んになってきた。そのひとつは金沢市のオーケストラである。金沢では、一九八八年に「オーケストラ・アンサンブル金沢」が創立された。創立当時から音楽監督を務めてきた岩城宏之が二〇〇六年に死去した後を受けて井上道義が務めていた。現在は鈴木織衛である。世界を視野に多彩な活動を展開しており、石川県立音楽堂を拠点とする日本初の常設室内オーケストラである。日本の オーケストラは文化振興の名目で自治体や企業が財政難を理由に撤退したり、助成金をカットするなど「冬の時代」を迎えているが、金沢のオーケストラも厳しい中で創立当初から地域とのつながりを大切にして頑張っている。

金沢では都市機能が藩政時代の配置に基づくものが多い。金沢城を中心とした政治はそのまま城の周辺に市役所・裁判所などの政府の出先機関や商工会議所などの各種団体の行政機能をおいている。県庁は郊外に移転し、その跡地は「石川県政記念しいのき迎賓館」、金沢大学付属小・中学校も郊外に移転したが、その跡地は「二一世紀美術館」として利用されている。空洞化が現実のものとなった金沢に光があてられた。銀行や保険会社、証券会社などは香林坊から武蔵ヶ辻の間に集中している。商店街のほとんどは藩政時代の表通りであった本町の商店街である。片町の国道沿いや竪町、香林坊、武蔵ヶ辻には商業機能が集まっている。これら商店街の裏通り、とくに香林坊から片町にかけてはバー、キャバレー、喫茶店、食堂、レストラン等が集中していて、夜の町を形成している。金沢は政府の出先機関や会社の支店や営業所が多いので夜の町は格別ににぎやかである。

札幌、仙台、広島、福岡などと比べると規模は小さいが、いわゆる「支店経済」都市としての性格が強い。

このように金沢の町は金沢城を中心とした狭い地域に都市機能が集中し、コンパクトにまとまった住みよい町である。金沢では一定の高度な水準を持つ多様な個人消費や共同消費の施設・サービスが金沢城址を中心に半径二キロメートルと歩いて二〇～三〇分程度の範囲（城下町以来の旧市街地の範囲）に集積し、そこに市民が集住し、職場もあるという都市の本質である集積性の維持が基本的特徴である。金沢市は都市人口が四三万人、後背地を含めれば六〇万人の都市圏を構成する中心都市で、これほど都市的生活様式の充足性の高い都市は全国的にも珍しいのではなかろうか。

かつて、ジェーン・ジェイコブスは人間的な魅力ある都市の特徴として①都市の街路は狭く、折れ曲がっている、②古い建物が多く残っている、③都市の各地区は二つあるいはそれ以上の働きをすること、つまり多様性である、④人口密度が高いことなどを指摘しているが、金沢市はこれらの条件をよく備えている都市であろう。

（三）瀬戸内国際芸術祭が語るもの

瀬戸内国際芸術祭ではたえず「島と都市（東京）をつなぐ」ということが言われる。芸術祭の意義がここにある。

瀬戸内海には大小無数の島がある。筆者は子供のころ、春にはよく船で瀬戸内海の島々に遠足に行った。島にはきれいな桜や除虫菊の花が咲いていたことを思い出す。香川県の丸亀城は城全体が丸く、きれいな桜で覆われていた。「西日光」とも言われる広島県生口島の耕三寺は春には桜で覆われ真ん中には五重の塔がそびえていたことを思い出す。

今は瀬戸内海に三本も橋が架かり、岡山県の児島から香川県の坂出にかかっている瀬戸大橋には鉄道や車でも本土から四国に渡ることができる。かつて瀬戸内海は多くの人たちの生活の場であっただけでなく東西をつなぐ、重要な交通ルートでもあった。北海道と大坂を結ぶ北前船は米や魚、肥料などを運んだ。朝鮮通信使は広島県福山市の仙酔島に寄港し、交流した。岡山県の瀬戸内市牛窓にも寄港したことは歴史が今も伝えている。しかし、瀬戸内海はのどかな海ではなかったこともある。戦時中、広島県竹原市の大久野島は毒ガスの島であったし、岡山県瀬戸内市牛窓の長島愛生園にはハンセン病患者が多数収容されていた。これらは瀬戸内海の「負の歴史」を物語るものである。

瀬戸内海の島々には今もなお伝統的な文化や美しい自然景観が残っている。しかし、今は人口の減少と過疎化・高齢化が進んでいる。その瀬戸内海の島々で二〇一〇年から「瀬戸内国際芸術祭」が行われている。島の伝統的な文化や美しい自然を生かした現代美術を通して瀬戸内海の魅力を東京をはじめ「世界」に発信し、地球上のすべての地域が「希望の海」となることを目指している。

第一回は「アートと海をめぐる百日間の冒険」を副題にして二〇一〇年七月一九日から一〇月三一日まで一〇五日間にわたって瀬戸内海の直島や犬島など七島と高松港周辺を会場として開催された。来場者は延べ約九四万人であった。第二回は「アートと島を巡る瀬戸内海の四季」を副題にして、春は二〇一三年三月二〇日~四月二一日の三三日間、夏は七月二〇日~九月一日の四四日間、秋は一〇月五日~一一月四日の三一日間、高松港周辺と宇野港周辺のほかに直島、豊島など一二島を会場にして開催された。さらに、第三回は「海の復権」を副題として高松港、宇野港周辺のほかに直島、豊島など一二島を会場にして行われた。春は二〇一六年三月二〇日から四月一七日の二九日間、夏は七月一八日から九月四日の四九日間、秋は一〇月八日から一一月六日の三〇日間開催された。来場者は約一〇七万人であった。いずれも総合プロデューサーは公益財団法人福武財団の福武総一郎、総合ディレクター・北川フラムであった。

第四回「瀬戸内国際芸術祭二〇一九」は「海の復権」をテーマに掲げ、春は二〇一九年四月二六日から五月二六日までの三一日間、夏は七月一九日から八月二五日までの三八日間、秋は九月二八日から一一月四日までの三八日間開催される予定である。この芸術祭では美しい自然と人間が交錯し、交流してきた瀬戸内の島々に活力を取り戻し、瀬戸内海が地球上のすべての地域の「希望の海」となることを目指すというものである。小さな島が連携して国際芸術祭を通じて都市、東京から世界の国々と結びつく意義は大きい。

日本では観光と言えば古くから神社・仏閣を訪れ、温泉に宿を取るというのが一般的で、しかも団体旅行が多かった。しかし、近年では個人であるいは家族で旅行を楽しみ、しかも山や海に行くとか、スポーツを楽しむ、美術館や博物館に行くというようなパターンにかわってきた。これらは業者によるものに参加するのが一般的であるが、最近はただ単に参加するだけでなく、積極的に「交流・連携による地域づくり」もみられるようになった。その一例として「瀬戸内国際芸術祭」にみることができる。人口減少と過疎に悩む瀬戸内海の一二の島々を舞台にした現代アートの祭典である。二〇一三年には一〇八日の開催期間中に一〇七万人もの人々が訪れ、島々の豊かな自然と地域の温かさを再発見した。その成果として外部からの移住者が増えているという。

この芸術祭の発案者はベネッセの福武総一郎氏である。福武氏は破壊と創造を繰り返すことで近代化した都会のあり方を反省し、「『破壊と創造を繰り返す文明』から『在るものを活かし、無いものを創っていく』という『持続していく文明』に転換する必要性を実感しました。そのとき、瀬戸内の島々のように近代化に汚染されつつも自然の残る場所に、現代社会を批判するメッセージ性をもった現代美術をおくことで、地域を再生・活性できるのではないかと強く思うようになったのです」[7]という。過疎の島々を現代アートで活性化するという世界で初めての取り組みを実現した。島々には景観の美しさだけでなく、地域に根付く生活様式や固有の文化がいまなお残っている。かつて経済成長期には行政が工場誘致などで島を壊してしまったという歴史を教訓としてここに新しい地域づくりが始まったと言えよう。ストライプ・インターナショナル代表取締役社長の石川康晴さんは「岡山をアートで日本一のクリエイティブシティにしたい」という。

岡山市も二〇一八年二月一二日、岡山芸術交流 Okayama Art Summit 2016 プレシンポジュウムとして「アートが『開発』するひとづくり・まちづくり」というテーマでシンポジュウムを開いた。さらに、二〇一九年三月一五日には「アートが『変える』ひとづくり、まちづくり」と題してシンポジュウムを開催した。長い間、市民会館と市民文化ホールの移転が岡山市の懸案事項であったが、つい最近移転先として表町商店街の南端、千日前に決まり、これから工事が始まる。二〇二二年には地上六階、地下二階の新市民会館「岡山芸術創造劇場（仮称）」がオープンする予定である。文字通り岡山市民の「芸術創造劇場」になることを期待するものである。

二〇一八年一一月二三日、新市民会館のあり方を考える集いが開かれた。山陽新聞（二〇一八年一一月二四日）によれば、「市民が集まり、つながりを持てる場所」という意見が出たという。この意見に異論はないが、それは新市民会館の中だけでなく、意外にも外にもあるはずである。そういう意味では「広場」が欠かせない。表町商店街を含む街全体を「広場」と考えると、路面電車の環状網化が有効である。

戦後、アメリカのミシガン大学が日本研究所を岡山市に設置したが、その際、岡山大学の歴史学、地理学、農業経済学などの分野の先生方が中心になって瀬戸内海総合研究会が組織され、大きな成果を上げた。『農村の生活』、『漁村の生活』、『山村の生活』をはじめとする一連の研究成果である。しかし、種々の事情から活動を休止せざるを得なかったが、両大学は最近、再開することで合意した。今後、「アート」を含めて多様な研究が不可欠であり、岡山大学はミシガン大学との共同研究をあらためて推進し、「瀬戸内海」発展の可能性と限界を研究すべきであろう。

観光による地域づくりは国内に限らない。海外からの観光客もまた有力な交流・連携の対象となりうる。日本政府観光局（ＪＮＴＯ）が発表した二〇一三年七月の訪日外国人旅行者も一〇〇万三一〇〇人で前年同月比を一八パーセント越え、はじめて単月で一〇〇〇万人を超え、二〇一三年一年間に入国した外国人ははじめて一〇〇〇万人を超えて、過去最高となった。円安で日本旅行の割安感が出たことに加え、政府がビザの発給要件を緩和したことが大きな理由である。また、二〇〇七年には政府は「観光立国推進基本計画」を策定し、二〇一〇年の外国人客一〇〇〇万人達成に向け、観光客誘致策を展開したことも訪日外国人旅行者が増えた理由である。外国人旅行者を国・地域別にみると、二〇一三年に最も多いのは韓国で二三一万人、次いで台湾が二二一七万人であった。

中国では高い経済成長が続き、生活が豊かになった結果、富裕層や中間層を中心に外国旅行が定着してきた。とくに、春節（旧正月）の大型連休を利用して海外旅行をする人が増えている。日本でも中国人が連日大型バスで秋葉原を訪れ、炊飯器やデジカメを大量に買って帰るという光景が見られたが、沖縄の尖閣諸島の国有化や靖国問題をめぐる日中関係の悪化で中国からの訪日旅行者は九八万人と前年比六・四パーセントも減少した。

外国人観光客の都道府県別の訪問率では二〇〇七年には東京が最も多くて五七・四パーセント、大阪が二三・七パーセント、京都が二〇・三パーセントと大都市圏が上位を占めた。もちろん、地方の観光地も外国人旅行者の誘致に活発な動きをしている。北海道では道内の観光協会などでつくる北海道観光振興機構が中心となって東南アジア諸国の観光客を呼び込むために力を入れている。しかし、北海道に限らず全国的に英語など外国語で対応できるスタッフのいる観光施設や宿泊施設は限られており、受け入れ態勢はまだまだ不十分である。また、道路、鉄道など公共交通機関などの案内表示を英語や中国語など多言語で表示することも遅れている。二〇一八年九月の台風二一号、北海道地震による被害では訪日外国人に大きな混乱をもたらした。

日本が競争力を持てるとすればサービス産業の分野であろう。市場原理に任せていては地方の文化は東京資本に収奪されるだけである。地方は文化に力を入れるべきである。今後、アジアをはじめ世界各地から観光客が増えるであろう。彼らが落とす金はケタ違いに大きい。和食が無形文化遺産に登録されたことは過疎に悩む地域の活性化につながる。地方は伝統産業や和食、祭りなど伝統的な文化、生活文化を前面に出して積極的に観光客を受け入れ、海外の人たちと交流を重ねるべきである。

日本が海洋国家として存在するのは六八四七の離島があってこそであるが、離島の住民は深刻な人口の減少・過疎化や高齢化に直面している。二〇一二年には改正離島振興法が成立し、離島の振興が国の責務であると明記され、島民の期待は大きい。

岡山市犬島は瀬戸内海に浮かぶ周囲約四キロ、歩いて一時間ほどで一周できる小さな島である。かつて良質の石を産出し、岡山城や大阪城の石垣にも使われた。一九〇九年には銅の精錬所ができたが、わずか一〇年で操業を終えた。一九三五年には岡山化学工業株式会社の前身である日本硫黄株式会社岡山工場が操業を開始したが、一九六八年には曽田香料株式会社岡山工場となり、さらに八五年には現在の岡山化学工業株式会社となった。一八九九年ごろには五〇〇〇人から六〇〇〇人の人が住んでいたが、一九五一年には一三五〇人、一九六〇年に八二〇人、一九九一年には一三〇人と減少し、現在ではわずか五〇人ほどである。

犬島を「アートの島」にしたいという思いは世界を舞台に活躍する現代美術家の柳幸典が一九九五年にこの島を訪れたことから始まるが、その後のことは在本桂子が『犬島ものがたり』（吉備人出版、二〇〇七年）[21]のなかで詳しく述べている。

同氏は瀬戸内国際芸術祭の成果として「芸術祭も回を重ね、次の会期とのいわゆる谷間にあたる期間にも世界中から多くの人が訪れています」[22]という。

ベネッセの福武総一郎氏は父親が進めていた直島の子どもたちのためのキャンプ場作りを引継

ぎ、何回も島を訪れるうちに瀬戸内海の美しさ、島の歴史や文化、島で暮らす人々のあり方に魅せられた。銅の精錬所の跡地という負の側面を背負わされた歴史の一方で近代化の波に洗われていない、かつて日本人が持っていた心のあり方や暮らし方など「日本の原風景」が残されていることに気がつき、この島を「アートの島」にすると、訪れる都会の人たちに現代社会を批判するメッセージとなり、住民も元気になるのではないかと考えた。

二〇〇四年にはまったく新しい概念で「地中美術館」を開館した。さらに、この島に近代化産業遺産である銅精錬所の遺構を活用して二〇〇八年には「犬島精錬所美術館」ができた。来館者数は毎年約二・六万人に及ぶ。犬島「家のプロジェクト」もあり、現在ではアートの島として脚光を浴びている。このほか、岡山市立犬島自然の家、海水浴場、キャンプ場などがある。

アートプロジェクトを実施する過程では住民に説明会を行い、住民自らが参加し、理解してもらうように努めた。アーティストや建築家も作品や建築、舞台を作る前には住民と話し合い、地域の歴史や生活様式を住民から教えてもらった上で制作するように努めている。住民もアートプロジェクトにかかわることで、生きがいを感じ、島を訪れる人たちに接することで新たな交流が生まれている。

二〇一〇年には瀬戸内海の島々を舞台に現代アートの祭典として「瀬戸内国際芸術祭」が開催され、犬島も会場の一つとして参加した。約六万人が訪れ、犬島の賑わいにつながった。この年には芸術祭の一環として精錬所の廃墟や石切り場の跡地を活用して野外劇（URASIMA）も行われた。現代アートを媒介にして住民と来訪者、お年寄りと若者、都会と田舎の交流が進んでいる。今後、島の美しい自然や歴史、文化のなかに現代アートを溶け込ませ、住民のコミュニテイをいかに存続させるかが大きな課題である。

犬島は一九六九年には岡山市に合併された。一九九一年には幼稚園や、小・中学校も廃校になった。二〇一〇年の国勢調査によれば、人口はわずか五四人、高齢化率は八五パーセントを超え、典型的な過疎の島である。その犬島はいまや「観光の島」として脚光を浴びている。犬島は岡山市の宝伝港から船で一〇分ほどである。このほか、小豆島からも船があり、約二五分かかる。

香川県直島は高松からは北に一三キロにあるが、岡山県玉野市からは南にわずか三キロのところにある。旅客船が岡山県の宇野港との間に一日三往復、フェリーが宇野港との間に一日一三往復あり、三〇分で行けるが、高松港との間には一日五往復あるが一時間かかる。いずれも直島の宮浦港と結ばれている。向島、屏風島など大小二七の島々からなる群島の中心的な島である。人口三三二七人の島である。

この島は大きく三つのエリアに分けられる。島の中央部は役場や学校のある行政・文京エリアで、北側一帯は金・銀・銅などを精錬する三菱マテリアル（株）直島精錬所を中心とする産業エリア、南側は（株）ベネッセアートサイト直島や地中美術館を中心とする文化・リゾートエリアである。地中美術館では建築空間と作品、鑑賞者が一体となって鑑賞できる。一九九二年ベネッセハウス開館以来、直島は「現代アートの島」として日本だけでなく、世界中のアートファンが訪れる島となった。

福武總一郎は「直島文化村構想」について創業社長福武哲彦が抱いた「子供たちための夢のある島を造りたい」という夢が出発点であったという。その總一郎は創業社長の夢を引き継いで一九八七年に直島プロジェクトがスタートさせた。それは「人間・自然・アート・建物の対話と融合……直島文化村」構想です。……潮のように穏やかな海面に小さな島々が浮かび、夕陽が海面を赤く染めながら落ちていくさまには、いかにも日本の原風景的な美しさがあります。……大都会を情報と刺激に満ちた『緊張の文化圏』とするならば、ここ瀬戸内はゆるやかに時間と空間が流れる『まどろみ文化圏』であるというのが、私の持論です。自然美と人工美、古いものと新しいもの、一見対立するかのように思われる概念が人間の手で融合されたとき、普遍的なもの・二一世紀のキーワードが見えてくるのでしょうか」(23)という。直島中央部の役場周辺には古い民家を改修し、現代アートを制作・展示する「直島・家プロジェクト」が七箇所もある。本村地区の「家プロジェクト」では町並みを楽しみながらアートにふれることができる。

アートを核とした観光事業によって観光客も年々増加しており、二〇〇七年には二八万人余りであったが、二〇〇八年には三四万人余り、二〇〇九年には三六万人余りに増加した。人口減少にも歯止めが掛かっている。二〇〇五年の人口は三四七六人であったが、二〇一〇年には三二七七人となり、減少率は五・七パーセントであり、周辺の島々と比べて減少率は最も小さい。二〇一三年から始まった「瀬戸内国際芸術祭」の影響が大きいものと思われる。人口の減少率だけでなく、高齢化率も岡山県笠岡市の島々と比べて減少率が小さいことがわかる。もちろん、三菱マテリアル（株）直島精錬所の存在も大きく、他の島々と比べ、産業構造が大きく異なる。直島以外の島々とは異なり、直島の産業別就業者は第一次産業が六・四パーセントであるが、第二次産業就業者が三五・一パーセント、第三次産業就業者が五七・七パーセントであることも見逃せない。福武総一郎が自然の圧倒的な存在感と現代アートの強烈な個性を対話させ融合させることのできる建物を作れる建築家として選んだ安藤忠雄は「何よりも私がうれしく思ったのは、このプロジェクトが、過疎化や高齢化により活力を失いつつあった島全体を活性化できたことだ」[24]と述べている。

町内には町立の診療施設があり、常勤の医師二人、看護師一一人が勤務している。このほか、個人開業の歯科医院がある。しかし、島内で処置できない高度あるいは専門的な医療が必要な場合は岡山県または高松市の病院で診療を受けている。また、介護サービスや特別養護老人ホームも整備されている。島内には小・中学校が各一校、幼稚園と保育園を併設した幼児学園が一園ある。

七．都市機能の一極集中と災害

（一）「一極集中」がもたらすもの

都市機能としては経済的機能（生産機能、流通機能、管理機能）、行政的機能、ならびに文化的社会的機能の三つがある。これらの機能は東京、大阪、名古屋などの大都市をはじめ札幌、仙台、広島、福岡などの地方中枢都市でも今日では大きな役割を果たしている。

ところが、これらの都市機能も平時にはほとんど問題にならないが、いったん災害が発生すると、日本では「一極集中」であるがゆえに被害は大きく、あらゆる面に影響する。国内だけでなく海外にまで影響を及ぼすし、訪日観光客に大きな影響を与える。日本の国際的評価にもかかわる問題に発展しかねない。災害は地域経済を直撃し、市民生活にも大きな影響を及ぼすので電力や空港、道路などのインフラの復旧を急ぎ、地域経済の立て直しを急がなくてはならない。

二〇一八年九月四日、一九九三年以来の最大風速四四メートル以上の非常に強い勢力を維持したまま徳島県南部から神戸市付近に再上陸した台風二一号による浸水被害で関西新空港が閉鎖され、被害が相次いだ。さらに、九月六日には北海道南西部で発生した地震の影響で土砂災害が発生し、多数の犠牲者が出た。加えて、地震による停電によって市民生活が大きな打撃を受けた。新千歳空港も閉鎖され、新幹線、ＪＲ北海道だけでなく地下鉄、路面電車も運休せざるを得なかった。関西国際空港、新千歳空港いずれも訪日観光客に大きな影響を及ぼした。都市機能は完全にマヒしてしまった。

地理学は「土地」を離れてあり得ない。地理学は土地条件を踏まえ、土地の所有・利用・管理をめぐる諸問題を空間的に追求する学問である。雨が降り、風が吹くことは自然現象であって、それだけでは「災害」ではない。災害とはわれわれの日常生活や生産活動が何らかの異常な自然現象によって妨げられ、被害を受けることである。とすれば、災害の原因は自然現象にあるのではなく、われわれ人間社会の在り方にこそ問題があるというべきである。

本稿は、今回の災害がこれまで経験したことのないような大規模なものであっただけでなく、被害を大きくしたのは国際空港、電力などの都市機能を大都市の周辺部でしかも一極集中型に配置させたことに問題があったのではないかということを検証するものである。

（二）台風二一号と関西国際空港

台風二一号は二〇一八年九月四日正午ごろ、徳島県南部に上陸した上、午後二時ごろには神戸市付近に再上陸した。二五年ぶりと言われる台風は関西国際空港では一九九四年の開港以来最大の瞬間風速五八・一メートルを観測した。空港は高潮による冠水、タンカーの関空連絡橋の衝突などの被害が出た。空港では約八〇〇〇人が一夜を過ごすことになった。関西国際空港が開港するまでは一九三九年に開港した大阪空港（伊丹）が唯一の国際空港であったが、二〇〇五年に神戸空港を含めて関西三空港の役割分担が決められ、国際線は関西国際空港のみとなった。そのため、台風二一号によって空港が高潮被害で閉鎖されると、訪日外国人は足止めされた。

関西国際空港は大阪府の泉州沖約五キロの海面を埋めて開港したものであるが、開港以来地盤沈下が続き、二〇〇四年の台風では浸水したため護岸のかさ上げ工事をしたが、それにもかかわらず今回第一滑走路に最大五〇センチの海水がたまり広範囲に冠水した。沖合に停泊していたタンカーも流されて空港と対岸を結ぶ連絡橋に衝突した。空港は文字通り陸の「孤島」となり、前例のない事態に直面した。こうした問題が発生する原因の一つは空港の体制が複雑であることである。施設や滑走路は国が一〇〇パーセント出資する新関西国際空港会社が所有するが、運営は民間の「関西エアポート」が担う。この方式だと、利益が優先され、災害対策が後回しになりかねない。施設の所有と運営を分ける方式を再検討すべきであろう。

関西国際空港の第一ターミナルの地下には電気関係の施設があるが、台風二一号による浸水で変電器が故障し、停電が続いたので訪日客のキャンセルが続出した。企業や農家の輸出のほか物流にも大きな影響が出た。近畿大学では台風二一号の影響で養殖していたマグロ約二五〇匹が死亡し、約三五〇匹が流出し、約一億円の被害を受けた（産経新聞、二〇一八年九月一一日）。このほか、関西国際空港の外国人入国者数は成田空港に次いで多いので企業の物流や訪日外国人に支えられた観光に大きな打撃を及ぼした。最大で訪日外国人客が一日当たり二万人減り、その消費額は一日当たり二四億円減少するとSMBC日興証券は発表した（産経新聞、二〇一八年九月一三日）。大阪の黒門市場などミナミでは観光客がめっきり減った。シャープは亀山工場（三重県亀山市）で生産したスマートフォン用の液晶パネルの一部が空港内で滞り、輸出できなくなったので他空港に振り替えて輸出せざるを得なくなった。

関西国際空港の第一ターミナルの南側エリアとA滑走路は九月一四日に再開されたが、通常の四割ほどである。空港の発着便の一部を大阪（伊丹）空港と神戸空港に振り分けることとなり、三空港で落ち込んでいた空の輸送量の回復に取り組むこととなった。しかし、空港の復旧が予想以上に早く進んだのでこの計画は避けられた。空港と対岸を結ぶ連絡橋も一時通行不能であったが、JR西日本と南海電気鉄道の鉄道は九月一八日に再開した。関西国際空港駅の乗降客数は六万人を超え、大量輸送が可能になった。二〇一八年九月二一日には旅客ターミナルが全面的に復旧し、運行ダイヤも通常時に戻ったが、日本総研によれば三五〇億円の消費額が空港の被災で失われたという（朝日新聞、二〇一八年九月二一日）。

台風二一号による被害は関西市内でもあり、強風で建物の一部が飛ばされたり、立木が倒れて電柱にぶつかった。電柱一〇〇〇本以上が倒壊して二六〇万戸が停電した。一九九五年の阪神大震災以来の被害であった。電柱は風速四〇メートルにも耐えられるように設計されているというが、今回の台風はそれに耐えられなかった。関西電力は二〇一八年九月二〇日、管内の大規模な停電がすべて解消したと発表した。

(三)　北海道地震と新千歳空港

二〇一八年九月六日未明に発生した北海道西部の胆振地方を震源とする地震は最大震度七の地震で、地震発生直後、震源近くの北海道最大の苫東厚真発電所の二、四号機が自動的に停止した。北海道の電力のほぼすべてが止まる「ブラックアウト」が発生した。苫東厚真発電所は道内の電力需要の約半分を担っており、電力供給体制の典型的な一極集中である。北海道全域を巻き込んだ大規模な停電について泊原子力発電所の再稼働の遅れを指摘する意見があるが、むしろ原発依存のエネルギー政策が招いた「人災」といえよう。

地震によって道内二九五万戸が停電し、水道管破裂で四五市町村の六万一〇〇〇戸余りが断水した。道路は隆起・陥没し、鉄道もすべてストップし、ガソリンスタンドや売店の多くが営業不能となり、広範囲で工場が生産停止に追い込まれた。通信や物流などのライフラインは寸断され、都市機能はマヒした。二〇一八年九月一〇日現在、死者は四一人に上った。北海道には年間二八〇万人近い訪日客が訪れるが、停電の影響で交通機能は完全にマヒしたので観光客は足止めされた。

地震の影響で訪日外国人旅行者や修学旅行の宿泊キャンセルが相次ぎ、日本旅館協会北海道支部連合会によれば二〇一八年九月一三日、宿泊キャンセルが五〇万人に上り、影響額は一〇〇億円になるという見通しを明らかにした（朝日新聞、二〇一八年九月一四日）。北海道の二〇一七年度の観光客数は五六〇〇万人であったが、そのうち八四パーセントが道内客で、一一パーセントが道外客、五パーセントが最近増加傾向にある外国人客である。観光は北海道の基幹産業である。地震と停電が引き起こした観光客減少に歯止めをかけたいのが北海道の人たちの願いである。

北海道のまとめによれば道内の産業と港湾の被害額は少なくとも六九四億円に上るという。被害の内訳は農林水産業三九七億円、宿泊客のキャンセルなど観光二九二億円、苫小牧港の液状化など港湾五・三億円などである。建物の損壊は二三九〇棟に達した（毎日新聞、二〇一八年九月一八日）。北海道は地震の発生から二週間の九月二〇日、道内の公共土木施設、農林水産業、観光などの被害総額が一八五八億円に上ると発表した（毎日新聞、二〇一八年九月二一日）。ただし、この被害額には全域停電で大きな影響を受けた道内企業の損害は含まれていない。

苫東厚真火力発電所の一号機は九月一八日に再稼働したが、二号機と三号機の再稼働による全面復旧は一一月以降となる見通しである。当初、政府は道内全域で平常時よりも二割の節電を要請していたが、経済産業相は二〇一八年九月一四日、数値目標を連休明けの一八日から取りやめると発表した。現在、老朽化した発電所に頼っているし、秋の冷え込みは本州よりも早く、一〇月から暖房用の電力需要が一気に高まるので計画停電を回避できるかどうか不安は残る。

（四）今後の課題

二〇一八年は度重なる台風、地震など異常気象が続いた。国連の気候変動に関する政府間パネル（ＩＰＣＣ）は一〇月に開催した総会で約二〇年後に世界の平均気温が産業革命前と比べ一・五度上昇し、海面上昇や北極海の氷が解けるなど環境への悪影響が深刻化するという報告書を提出した。現状のままでは温暖化対策の国際的な枠組み「パリ協定」の目標達成は困難な状況であり、各国に早急な対策を求めた。われわれもこうした考えを踏まえて対応しなくてはならない。

世界気象機関（ＷＭＯ）も「温暖化対策をしないで放置すれば、今世紀末までに海面が三〇～七〇センチ上昇する予測であるとし、豪雨などによる洪水被害が発生しやすくなるとし、温暖化防止の国際枠組み『パリ協定』の目標達成は『大変な努力が必要だが、成し遂げねばならない』」（山陽新聞、二〇一八年九月一五日）という。ＳＤＧｓ（持続可能な開発目標）の活動が全国的に活発になってきたのはこうした背景がある。岡山大学はＥＳＤの成果を踏まえ、「ＳＤＧｓに関する岡山大学の行動指針」を策定し国立大学ではじめて大学運営にＳＤＧｓに取り入れ、研究・教育活動と社会貢献に取り組んでいる。

関西国際空港も新千歳空港も訪日外国人にとっては観光の玄関口である。物流を支える重要な拠点でもある。法務省の統計によれば、二〇一七年に関西空港から入国した外国人は七一六万人で成田空港に次いで多く第二位、新千歳空港は一四九万人で第六位であった。政府は観光を成長戦略の柱と位置づけ、後押ししてきた。訪日外国人が二〇一三年にはじめて一〇〇〇万人を超えると、一六年には二〇〇〇万人、一八年には三〇〇〇万人近くになり、爆発的な増加である。訪日客の消費額は二〇一二年には一兆八四六億円であったが、一七年には四兆四一六二億円にまで伸びた。いまや、訪日外国人の旺盛な消費意欲は日本の経済成長に欠かせない存在であることはいうまでもない。

しかし、関西国際空港は前述したように二〇〇五年に「国際線は関空のみ」という申し合わせしているが、空港が台風二一号で機能縮小に陥ったので、伊丹と神戸空港で国際線を含む最大七〇便を代替運航する新たな枠組みを決定した。今回の台風被害で「特別措置」として枠組み作りが実現したものであるが、大阪府の松井一郎知事は「三空港一体論の議論はこれから関係者が集まってやっていくべきだ」（朝日新聞、二〇一八年九月一六日）と述べた。筆者も空港機能の一極集中を反省し、分散すべきと考える。

今回の台風と地震によってあらわになったのは、集中型の電力供給体制と国際空港の驚くほど意外なもろさである。台風二一号の高潮と停電による関西国際空港の被害、北海道地震による新千歳空港の被害、いずれも「経営の効率」を優先し、大阪、札幌という大都市の周辺部に立地し、「大規模一極集中型」経営がもたらしたものである。今後、地球の温暖化、地震・台風など災害の頻発を考えると分散化はさけられない。環境と経済の両面から空港、電力などの都市機能を「集中」から「分散」に転換し、ネットワーク型社会の形成が必要である。

注

（1）吉田　昇・門脇晃司・児島和人編『現代青年の意識と行動』日本放送出版協会、一九七八年、一二三頁
（2）吉見俊哉『ポスト戦後社会』岩波新書、二〇〇九年、九〇頁
（3）二宮哲雄・中藤康俊・橋本和幸編著『混住化社会とコミュニティ』御茶の水書房、一九八五年
（4）松原治郎編『社会構造と文化』至文堂、一九八〇年、二〇八－二〇九頁
（5）松原治郎編『社会構造と文化』至文堂、一九八〇年、二二三頁
（6）鵜飼正樹・永井良和・藤本完一編『戦後日本の大衆文化』昭和堂、二〇〇〇年
（7）吉見俊哉『ポスト戦後世界』岩波新書、二〇〇九年、九〇頁
（8）吉見俊哉『ポスト戦後世界』岩波新書、二〇〇九年、九六頁
（9）吉見俊哉『ポスト戦後世界』岩波新書、二〇〇九年、九八頁
（10）小林　誠・遠藤誠治編『グローバル・ポリティクス』有信堂、二〇〇〇年、一八頁
（11）中藤康俊『地方分権時代の地域政策』古今書院、二〇〇八年
中藤康俊『戦後日本の国土政策』地人書房、一九九九年
（12）間場寿一編『地方文化の社会学』世界思想社、一九九八年、三四頁
（13）間場寿一編『地方文化の社会学』世界思想社、一九九八年、一八五頁
（14）間場寿一編『地方文化の社会学』世界思想社、一九九八年、一八五－一八六頁

（15）福島大学東北経済研究所編『新しい時代の地域づくり』八朔社、一九八八年、二〇九頁
（16）朝日新聞、二〇一四年三月四日
（17）財団法人・日本離島センター『離島振興ハンドブック』独立行政法人国立印刷局 二〇〇四年、一五九頁
（18）『地域ブランドのつくりかた』別冊 Discover Japan、二〇一三年一〇月、四八－四九頁
（19）『地域ブランドのつくりかた』別冊 Discover Japan、二〇一三年一〇月、六八－六九頁
（20）辻芳樹『和食の知られざる世界』新潮新書、二〇一三年、一六頁。なお、日本の「和室」も日本の特殊な生活文化、美意識をあらわすものとして欧米では高く評価されている。
（21）在本桂子『犬島ものがたり』吉備人出版、二〇〇七年、一八二－一八三頁
（22）在本桂子『『アートの島　犬島へ』吉備人出版、二〇一八年、五二頁
（23）秋元雄史・江原久美子編『直島文化村へのメッセージ』ベネッセコーポレーション、一九九八年、一六－一九頁
（24）福武総一郎・安藤忠雄ほか編『瀬戸内アートの楽園』新潮社、二〇一一年

第二章　伝統文化の変容・再生

一・雪国の風土と文化

和辻哲郎は一九三五年に『風土―人間学的考察』を発表した。『風土』は『古寺巡礼』とともに和辻の多くの著書のうちで最も広く読み続けられている書物である。いまから八〇年近く前に書かれたにもかかわらず、今なお時空を超えて現実味を持って迫ってくる書物である。彼は人間を捉えるにあたって時間性だけでなく、多様性を同時に存在させるための空間性も考慮されなければならないとして、世界をモンスーン、砂漠、牧場の三つの類型に分けた。これに対し、玉城哲・旗手勲は「風土はたんなる自然ではなく、歴史的に形成された社会的内容のものである」[1]と述べている。日本はモンスーン地域にありながらインドとは異なり、普通のモンスーン型ではなく、突発的で台風的な風土でよく言われる熱しやすく、冷めやすい性格であるという。それは桜の花や武士道に象徴されるという。

宮沢賢治はこの『風土』が発表される二年前にすでに亡くなっているが、彼の代表作の一つである「雨ニモマケズ、風ニモマケズ」は東北地方、なかでも岩手県の風土を最もよくあらわしている。雪国の厳しさはすでに一八三七年に鈴木牧之が『北越雪譜』のなかで「よろずのこと雪を防ぐをもっぱらとし、財を費やし、力を尽くすこと、紙筆にしるしがたし。雪中に稲を刈る事あり。その忙しきことの千辛万苦、暖国の農業に比すれば、百倍なり」とあらわしている。また、山形県選出の松岡俊三代議士は大正の終わりから昭和のはじめにかけて国会で雪害対策を訴え、一九三三（昭和八）年には山形県新庄市に雪害地方農村経済調査所を設置させたことはあまりにも有名である。

日本列島の中でも日本海側の地域は冬になると雪が降り、時として雪害をもたらす。そのため、冬の間は雪に耐え、家の中で織物や漆器、漬物、わら製品など内職に従事する。その一方で、富山の売薬のように全国を股に出稼ぎに従事するとか、北洋漁業に出る人も多い。

これまで雪国の人たちはひたすら勉強し、働いて自らの生きる道を切り開いてきた。その典型を富山県に見ることができる。富山県は三〇〇〇メートル級の立山連峰に囲まれ、豊かな田園風景（都市と農村）が展開しており、住宅規模日本一である。厳しい自然の中で生き抜く人間として「よく学び」「よく働く」県民性であり、「よく遊べ」はほとんどないといってよい。東大進学率は全国でもトップクラスであり、ノーベル賞を受賞した利根川進、田中耕一、東大教授の上野千鶴子らを輩出している。角川源義の息子、角川春樹は出版・映画界で活躍しており、姉の辺見じゅんの『男たちの大和』は有名である。マンガ家の藤子不二雄はドラえもん、オバケのQ太郎、忍者ハットリくんなどで人気がある。

「よく働く」県民性は産業界で活躍する多くの人材を輩出し、日本を代表する企業を起こした。北陸電力の金岡又左衛門、北陸銀行の山田昌作、ＹＫＫの吉田忠雄、コクヨの黒田善太郎、富士銀行の安田善次郎、角川書店の角川源義、全日空の若狭得治、ホテルニューオータニの大谷米太郎、三協アルミの竹平政太郎、読売新聞社の正力松太郎、川田工業の川田忠太郎、トナミ運輸の綿貫佐民らである。県民の多くは冬の間は出稼ぎで、家庭薬配置業、北洋漁業、関西の風呂屋で働いた。「よく遊べ」という県民性は余り見られない。芸能・スポーツ界で活躍する人はほとんどいないといってよい。田中角栄『日本列島改造論』（日刊工業新聞社、昭和四七年）こそ、もっとも雪国の風土と将来を考えさせられる本である。

雪国では、一九六三年のいわゆる「三八豪雪」で大きな被害を受けたので除排雪の機械化を進め、雪と戦う姿勢に転換した。人口の減少と過疎化、コミュニティの崩壊などによってこの姿勢は一九九一年のいわゆる「五六豪雪」で一段と強まった。しかし、雪は害をもたらすだけでなく、多くのプラスももたらすことを忘れてはならない。夏の雪解け水は電力源として、米作りや酒造りなどに使われ雪国の産業となっている。

近年、「五六豪雪」を経験した雪国の人たちは雪と戦う「克雪」ではなく、むしろ「親雪」（雪に親しむ）とか「利雪」（雪を利用する）という方向に姿勢を転換するようになった。その一つが、雪国の文化を掘り起こそうという動きである。鈴木牧之のふる里、新潟県南魚沼市塩沢には鈴木牧之記念館が、岩手県西和賀町では雪国文化研究所、新潟県十日町市にはまつだい雪国農耕文化村センターがある。

五六豪雪は雪国の人びとに「雪」についてあらためて考えさせたにちがいない。「今の科学の力では、残念ながら雪の降るのを止めることはできないが、雪の害を防ぐことは、人間の智慧と努力でできるはずである」[2]。

二．『遠野物語』と『武士道』

日本最古の『古事記』が編纂されたのは八世紀のことである。それ以前は口承の時代である。日本人が文字で記録を残すようになってから今日まで約一二〇〇年だから口承の時代のほうが長いといえよう。

日本民俗学の創始者とも言われる柳田国男（一八七五～一九六二年）は「死後の世界の霊魂の行方を日本人はどう考えてきたか」[3]を明らかにすることをめざした。彼が書いた『遠野物語』

（一九一〇年）によってはじめて日本における一般庶民の暮らしや心のありようが表舞台に出たともいえる。昔の人は文字を持たず、口から口へと語り伝えてきた。祭りの歌や民謡も、そして年中行事もそうである。今も生きている伝承は口碑と言われる。佐藤仲雄が主張するように文化というものを「思想・宗教・学問・芸術といった、高度な精神活動の産物のみを指すものとしてではなく、人びとの生活にかかわるものにまで視野をひろげていく必要があろう」(4)。

『遠野物語』は『古事記』の誕生からさらに一〇〇〇年以上、明治の末ぐらいまで口承の世界にあった。われわれ現代人は文字を持ったがゆえに記憶の伝承という素晴らしい能力を失ったのかもしれない。谷川健一が「『遠野物語』にはとてつもない豊かな庶民の知恵が潜んでいます。左翼の理論では、庶民は社会の下積みで圧迫されて貧しく、娯楽がないから解放されなくてはならない存在です。しかし、これは不遜な考えで、庶民はたしかに貧しいけれども、決して喜びのない、悲しいだけの存在ではない。むしろ、非常に生き生きとした創造力で豊かな文化を築いていた。政治的なものは表層の世界で、時代によって加熱したり冷えたりと温度が非常に激しい。その点、庶民の暮らしは地下水と同じで夏も冬も一定の温度を保つ。凍りもしないし、沸騰もしない。いつも常温なんですよ」(5)と述べているように柳田国男の『遠野物語』の世界は奥が深い。

大久保喬樹は『遠野物語』に集められた伝承の世界は、「神話の層、山の世界の層、里の世界の層という三層が連続しながら積み重なってできあがっており、全体として、近代合理主義以前、さらには、歴史以前の心性を映しだす。それこそを柳田は日本文化の原型として提示するのである」と述べている。[6]

松尾芭蕉が書いた『奥の細道』（一六八九年）には東北地方の風土がよくあらわされている。江戸幕府は諸大名を統制し、中央集権体制を維持するため参勤交代の制度を設けたが、そのためにいわゆる五街道が整備された。「奥の細道」はこの種の街道でもなければ、「シルクロード」や「塩の道」などのような物流の道でもない道を俳人松尾芭蕉が一六八九年三月から九月までの一五六日間、江戸から当時陸奥と呼ばれていた東北地方、北陸を経て岐阜県大垣までを旅した時の記録で、五二句が収められている。

「月日は百代の過客にして、行きかふ年もまた旅人なり。船の上に生涯を浮かべ、馬の口をとらへて老いを迎ふる者は、日々旅にして、旅を栖とす」。この書き出しはあまりにも有名である。

芭蕉は江戸から日光、仙台、平泉を経て山寺（山形県）に入る。ここで芭蕉は「閑さや岩にしみ入る蝉の声」とよんだ。そのあと最上川を下るが、わずか一八キロメートル下ったに過ぎない。「五月雨をあつめて早し最上川」とよんだ。

山形はＮＨＫドラマ『おしん』のふる里である。主人公・おしんは山形県出身の女性である。このドラマは中国でも上映され、有名になった。一方、山崎豊子原作のＮＨＫドラマ『大地の子』は長野県から満州開拓団の一員として中国に渡った親子が終戦間際に離れ離れになるが、ある時再開するものの親子とはわからないまま時が過ぎ、最後には再会するというストーリーである。原作は全四巻として出版された。

最上川の河口は酒田である。関西や関東の文化がここから上流へ運ばれ、一平野（庄内平野）三盆地（新庄、山形、米沢）に新しい時代の波を伝えた。口紅や友禅染などに使われた紅花は最上川流域の特産であった。紅花は京都や江戸の文化を山形に運び、大きな富をもたらした。酒田からは紅花や米が京都に運ばれた。酒田には大きな米倉があり、本間家は富を蓄えた。最上川の流域には上流から米沢、山形、新庄などの都市が発達した。きわめてめずらしい川である。

「ゆく末は誰が唇ふれん紅の花」

東京の深川にある記念館には、芭蕉の旅姿として芭蕉が着用した笠や草鞋が展示されている。芭蕉が一六八九年に江戸を出て当時陸奥と呼ばれていた東北地方から北陸をへて岐阜県大垣に至る旅は現代と違って徒歩の旅で道は悪く、道中は関所や難所もあり、けっして楽なものではなかったと思われる。当時としては日本の奥地であった東北地方の街道を今なお旅をする人が絶えないのは「日本人の心のふるさと」(7)だからであろうか。

田中仙翁も「文化はその国の自然や風土と深いかかわりあいを持っている。我が国の文化や芸術も、四季の変化に富む風土と切り離して考えることはできない。温暖な気候の中で自然の恩恵を受けて芽生えた日本文化は、外来の文化を受け入れて独自の姿に育っていった」(8)と述べている通りである。

一方、新渡戸稲造は一八九九年に『武士道』を発表した。武士道とは「武士の守るべき掟として求められ、あるいは教育された、道徳的原理である」[9]。サムライの心のなかに刻み込まれた強力な行動規範である。武士のあるべき姿が「武士の掟」であるが、キリスト教の『聖書』、儒教の『論語』、イスラム教の『コーラン』のように成文化されたものではない。

明治になって西洋の新しい価値観が導入されると、彼は失われていく日本人の伝統的な精神を振り返ってあらためて「日本人とは何か」を問い直した。日本人の道徳律は儒教の影響が大きい。サムライの世界が育てた武士道では「仁・義・礼・智・信・忠・孝・悌」が重んぜられた。「仁」とは思いやりであり、「義」とは正義の心で、「礼」とは礼儀礼節、「智」とは叡智工夫である。「信」とは信用、信頼である。「忠」とはいつわりのない心、「孝」とは父母を大事にすること、「悌」とは年長者に従順なことを言う。具体的に言えば、「人には優しくあれ」「正直であれ」「嘘をつくな」「卑法なことをするな」「約束を守れ」「弱いものをいじめるな」「親孝行をしろ」「兄弟仲よく」といったことである。これらは「良心」の問題であり、われわれはこのモラルを犯すと、良心の呵責に襲われるのである。

「義」は武士の掟の中で最も厳格な徳目である。サムライにとって卑劣な行動、不正なふるまいほど忌まわしいものはない。「忠義」という「徳」は主君に対する服従や忠誠の義務であり、「武士は何のために生きるのか」ということである。武士道は、一方において不平不満をいわない忍耐と不屈の精神を養い、他方においては他者の楽しみや平穏を損なわないために、自分の苦しみや悲しみを外面にあらわさないという「礼」を重んじた。「切腹と敵うち」は命をかけた「義」の実践である。刀は武士の魂である。「義」から派生した語彙には大義、忠義、仁義、恩義、信義などがある。

大久保喬樹は「武士道のとらえかたは、国粋主義などとは対照的に普遍主義的な、また理想主義的なものであって、そこに、新渡戸の大正デモクラシー、大正リベラリズム的な人間性が反映されている」[10]と述べている。

以上、庶民の生活を描いた『遠野物語』と武士の生活を描いた『武士道』について述べたが、現在でも生きているといえ、都市化・過疎化によってその多くは形を変え、しかも担い手は変わっている。岩手県遠野市には博物館もあり、遠野市を訪れる観光客は増えているものの、同市の人口は年々減小しており、『遠野物語』に描かれた世界を支える若者は少ない。かつて、わが国には『武士道』のような固有の伝統的な価値観、倫理があった。「日本人とは何か」についてあらためて考え直す必要があるかも知れないが、そう思う人は少ないのではなかろうか。

三．寺　院

日本の仏教は「家の宗教」だと言われるが、それは家「単位」に宗派を決め、菩提寺として先祖の供養をするからである。これは家族制度という日本社会の基礎構造に封建時代の宗門改めという宗教統制が加わってできたものである。先祖の供養も家ごとに仏壇をつくり、家族だけでお盆や法事をするのは比較的新しいことであって、元々は地域社会全体が集まって先祖供養するのが本来の姿であった。高野山や比叡山は日本人の憧れとして発展した。日本各地に大小数多くの寺があり、多くの寺は檀家によって成立している。寺は一般庶民の信仰の対象として発展してきた。

江戸時代には四国三十三箇所観音霊場、熊野詣、善光寺参りなど庶民の間で巡礼が流行するようになった。そのうちの一つが「四国八十八箇所」である。小豆島には「小豆島八十八箇所霊場」など全国にいくつかの霊場がある。四国八十八箇所の霊場は弘法大師が弘仁六（八一五）年に開かれたと伝えられている。この霊場は阿波の国は「発心の道場」といい二三箇寺、土佐の国は「修行の道場」で一六箇寺、伊予の国は「菩提の道場」で二六箇寺、讃岐の国は涅槃の道場で二三箇寺、合わせて八十八箇寺である。一般に、八十八箇所を巡拝することを「四国遍路」あるいは「四国巡礼」などという。霊場は四国の山野に開かれた心と体の修行の道場で、八十八の煩悩を除き、八十八の功徳をもたらすと言われている。弘法大師が一本の金剛杖によって常に遍路を見守り、八十八箇所の結願へと導くという。

遍路（巡礼者）は札所に到着すると、本堂と大師堂に参り、般若心経などの読経を行い、その証として納札を収める。納札所では納経帳に札番印、宝印、寺号印の三つの朱印と寺や本尊の名前を墨書きしてもらう。八十八箇所を全部回ることを「通し打ち」、何回かに分けて巡ることを「区切り打ち」という。また、順番通り回るのを「順打ち」、逆に回ることを「逆打ち」という。一般に、「弘法大師様」を「お大師様」といい、「遍路」さんを「お遍路さん」といって親しまれている。一九六〇年頃までは春になると、白装飾で杖をついて徒歩で巡礼する姿をよく見かけたが、最近では、自家用車やタクシーで巡る人もみられるようになり、次第に観光化し、信仰心が薄らぎつつあるのではなかろうか。

写真家の藤原新也は寺には仁王門という結界があり、「世の中がどのように変わろうと、その結界の内の寺空間は不変であらねばならない。……八十八箇寺を巡りながら般若心経などを唱え、心の平安を祈り、または願い事の願いをかけるなどするわけだが、見ていると人々はあまりその寺のたたずまいにこだわっている風には見えない。……門をくぐり、その寺に空気が宿っており、寺のたたずまいのみならず、境内の傍らの地蔵、あるいは境内に植わっている木々や花のひとつひとつが神聖なほどに輝き、厳かに呼吸をしている場合、私は心からそれに祈り、時には何時間でもその寺にいる」[11]と言っている。

われわれの生活にはリズムがある。一日には一日のリズムがあり、一年には一年のリズムがある。また、一生には一生のリズムがある。年中行事とは一年の定まったときに行われる行事で、毎年繰り返される。年間の単調な流れに区切りをつけて生活にリズムを持たせる意味がある。年中行事にはさまざまな種類があり、社会、階層、職種、地域、家族などによっても異なる。

一般には、正月の行事、桃の花の節句（三月三日）、ひな祭り、衣替え（六月一日、一〇月一日）、端午の節句（五月五日）、七夕（七月七日）、お盆（八月一五日）、重陽の節句（九月九日）、七五三（一一月一五日）、節分は季節の変わり目を意味し、立春、立夏、立秋、立冬の前日のことである。とくに、立春の前日は旧暦では一二月末になることが多く、一年の変わり目として行事が行われ、立春の前日のみを節分とよぶようになった。「鬼は外、福は内」と言って豆まきをする。

桃の花の節句には「おひなさま」を飾る家が増え、「まちおこし」の一環として取り組んでいるところも少なくない。例えば、九州大分県の日田市がその一例である。日田市は江戸時代には天領として町人文化が花を開いたところである。この町では今も当時の商人たちが贈り物として、わが子のお祝いに京都や大阪から買い求めた絢爛豪華な雛人形が大切に受け継がれている。毎年行われている「天領日田おひなまつり」は、このような旧家に残る雛人形をまちおこしの一環として一般公開しているものである。日田には、いまも江戸、明治、大正期の古い街並みが残っており、桃の節句のシーズンには観光客で溢れている。

師走の歳時記としては、お歳暮、大掃除、忘年会、年越しそば、除夜の鐘など、年始の歳時記としてはお正月飾り、初詣、お年玉、七草がゆ（セリ、ナズナ、ゴギョウ、ハコベラ、ホトケノザ、スズナ、スズシロ）、鏡開き、消防出初式などがある。いかなる宗教も生活のリズムに溶けこんではじめて「信仰」といえよう。七草がゆは萌え出る若草の芽をかゆにして食べ、生命の活性化を図るものであり、「飽食の時代といわれる現代、漢方薬や生薬が見直されるのと同じように、若菜や粥というつつましい食品のもつ効用について、考えてみることも意義深いものがあろう」[12]。

近頃、団地やマンションに仏壇を置く家が増えているという。しかし、宗教だとか信仰だとか言うほどの深い考えがあってのこととは思われない。都会の高層建築やデラックスな新幹線は高度成長の象徴かもしれないが、われわれの心を癒してくれるかどうかは疑問である。そこに「仏壇」を置くという行動が生まれるのであろう。

われわれの食卓は、禅寺で修行僧が食事する精進料理との結びつきが極めて強い。豆腐や納豆、こんにゃく、あるいは味噌、醤油も禅寺でつくられたものであるらしい。修行に打ち込む僧侶たちの精進料理こそ日本の食文化の基礎であろう。精進料理とは、「単に肉や魚を使わない料理ではありません。そのベースには食べ物はすべて生命の糧として決しておろそかにしないという感謝の気持ちがあり、野菜や果物も口にするからには、それらの命を頂いているという自覚、大切にするという心、つまり『生かす心』に目覚めてもらえたらと思っています」[13]といわれる。仏教の教えでは「食」は深い意味を持っており、食事は身を養うだけなく、心も養う。

長野市の善光寺は一宗一流派に偏ることなく、すべての宗派に門戸を開く、宗派を超えたお寺である。善光寺は宗派、男女を問わず、すべての人を受け入れる平等な寺である。毎朝、早朝にお朝事に出仕するために参道を往復する神主様と上人様に数珠で頭を撫でてもらう習わし、「お数珠頂戴」があり、手をあわせて、頭をたれ、ひざまずく人びとの頭に数珠が触れると、功徳を授かると言われる。善光寺には三九の宿坊がある。この宿坊に宿泊した人たちはそれぞれの寺の住職に案内され、お朝事などの儀式や善光寺詣でに案内してくれる。

宿坊と旅館の最も大きな違いは寺の宿坊では朝や夜にお経を上げるなどのお勤めに参加することである。これらは実際にやってみるとそう難しくないが、吉田さらさは「日常生活では体験できない異文化です。……日本の仏教には多くの宗派があり、それぞれに別の宗教かと思うほど多様性があるからです。実は、この多様性こそが日本文化の豊かさを形づくってきた大きな要素のひとつなのです」[14]と述べている。

四・神社

日本人は古来より「八百万《やおよろず》の神々」と言われるほど多くの神を敬ってきた。日本人は仏教だけでなく、インド、中国、朝鮮半島などから渡来したさまざまな神を拒絶するのではなくむしろ共生させてきた世界にも珍しい神仏習合の国である。古事記や日本書紀などの神話に登場する神々は日本の代表的な神々であるが、氏神や産土神をはじめ鎮守の神、道端や各家庭のなかに祀られている神々、山や川、海の神などわれわれの周りには無数の神々が存在する。これらは人びとの生産と生活に深く結びつき、人びとの精神的支柱となっている。台所には火の神様や水の神様、地域には天神様やおいなりさんなど身近なところに神様が無数に存在する。人びとは家内安全や事業の繁栄を願って、恵比寿や大黒天、稲荷などの守護神を奉ってきた。

日本には「神宮」とよばれる神社は少なくないが、東京の明治神宮、名古屋の熱田神宮、京都の平安神宮、奈良の橿原神宮、大分の宇佐神宮などは有名である。いずれも名の知れた有名な神社ばかりであるが、本来「神宮」といえば伊勢神宮を指す。ここは日本の神々の頂点に君臨する神域である。毎年、天皇や総理大臣が新年に「初詣」をする。

旧暦の一〇月は「神無月」と言われる。八百万の神が島根県の出雲大社に集まるためである。逆に出雲ではこの月は「神在月」となる。しかし、われわれのそばには名もなく、出雲に招かれない神々も多い。山の神、田の神、火の神、水の神、海の神、屋敷神、道祖神などである。

神社は氏神と氏子の関係で成り立っている。しかし、都市では伝統的な力は弱まり、かつてのような氏神と氏子の関係はなくなったと言われる。にもかかわらず、浅草の三社祭や神田明神の神田祭がかつての賑わいを失ったわけではない。むしろ、年々賑わいを増している。京都の葵祭や祇園祭もそうである。なぜだろうか。名の知れた神々はもちろん、名もない神々も人びとの生活と密着し、そこから信仰が芽生え、長い時間をかけて後世の人たちに伝えられてきた。それは宗教という概念では捉えられないとしても、伝統や風習という形で伝えられている。そこには信仰の要素も残しているはずである。

「稲荷」と名のつく神社を全国各地で見かける。その数は三万社とも言われ、全国の神社のほぼ三分一が稲荷神社であると言われる。昔の人達は時として山里に姿を見せるキツネに神聖なものを感じていたにちがいない。山の神は農耕の季節になると里に降りて豊作をもたらす田の神となった。その田の神の使者がキツネだと考えられたのであろう。稲荷神社の社頭にはたいていキツネがいる。

日本三大稲荷と言われるのは伏見稲荷大社（京都）、笠間稲荷（茨城）、そして祐徳稲荷（佐賀）と言われる。ただし、成田山新勝寺（茨城）、豊川稲荷（愛知）、そして最上稲荷（岡山）ともいわれる。元日の初詣客の多い神社を三大稲荷と呼ぶのであろうか。とすれば、年によって変動があり、順位が入れ替わることになる。また、「時代の推移にともなって神々も多様化し、現代では科学技術の神や球技、スポーツの神、芸能の神も見られる」(15)。

長野県の諏訪地方は不思議なところである。交通の要衝であり、歴史の波に何度も現れた場所でありながら古代そのままと言えるような信仰を数多く残している。東京から特急で二時間半あまりの地でこのような「生きた聖地」が現存していること自体稀有なことといってよい。諏訪湖の南に上社、北に下社四か所にわかれて鎮座する諏訪大社がある。古来、武勇の神、軍神として仰がれ、鎌倉時代以降は源頼朝をはじめ北条、足利、武田、徳川などの武家が武運や国家安泰を祈願した神社である。

長さ約一七メートルの巨木を人力で急斜面や川を乗り越えさせながら諏訪大社まで運ぶ「御柱祭」は七年に一度行われる。平安時代初期から約一二〇〇年の歴史があるという。二〇〇四年の御柱祭には二日間で約三〇〇〇人が参加した。初日の観光客は一二万人にのぼった。

庶民信仰に関係する神社、仏閣ならば拝殿や絵馬堂に絵馬を見ないところはない。それほど絵馬は日本人の信仰にふかく根をおろしている。香川県の金刀比羅神社は「海の神様」として崇められ、数多くの絵馬が祀られている。かつて、北前船で栄えた日本海側の港町にも絵馬が祀られている旧家を見ることがある。

以上、日本の神社と寺院について述べたが、その役割は大きいものの日常生活ではごく少数をのぞけばそれほど一般に親しまれているわけではない。人間は生きていく上で誰しも悩むが、その時何かにあるいは誰かに頼りたくなるのは言うまでもない。鷲巣力はそういう人のために教会はあるとして、寺院や神社は「人々の悩みに答える場所となってはいない」(16)とさえいう。

五．伝統芸能としての歌舞伎

日本文化の特徴は「歌舞伎やお茶やお花が一方にあり、他方、性能のいい自動車とか、世界一の生産高を誇るロボットなどという二つの全く異なる性質のもの」(17)の存在である。

伝統芸能としては、歌舞伎、能、狂言、文楽などが挙げられよう。このうち歌舞伎は日本を代表する古典芸能であって、ユネスコの無形文化遺産にも選ばれた。日本の伝統芸能に詳しいコロンビア大学名誉教授の故ドナルド・キーンは「日本のあらゆる舞台芸術の中で、海外でもっとも広く知られているのは、疑いもなく歌舞伎であろう。……日本を訪れる外国人で、日本文化に少しでも興味を持っている者ならば、歌舞伎を見なければ、という思いに駆られることは珍しくない」(18)とさえいう。

この歌舞伎は京都に上京した出雲大社の巫女とされる阿国が四〇〇年ほど前に始めたものが基

となっていると伝えられている。もともと歌舞伎ははやり歌や踊りを交えた女性たちによる芝居であったが、後に演じ手は男性へと変わり、今のように男性役者だけの歌舞伎に変わった。女性の役柄も男性が演じる。男役は立役、女役は女形《おやま》と呼ばれ、三味線などが奏でる調にあわせ派手に化粧し、豪華な衣装をまとった役者が舞う。舞台で繰り広げられる物語には大きく分けて二つ有り、歴史上の人物や出来事を描く「時代物」と恋愛や人情を綴る「世話物」がある。

「かぶき」は「かぶく」が変化した言葉で「頭をかたむける」という意味だと言われている。それが常識はずれの行動や姿を指す言葉になったという。戦国時代末期から江戸時代にかけて派手な服装で反抗的な態度をとる風潮が流行すると、そうした人びとを「かぶき者」と呼ぶようになった。当時人気を呼んだ阿国の芸も「かぶき踊り」と呼ばれ、それが「歌舞伎」となったと言われている。歌舞伎座には客席を縦断する「花道」や舞台下から役者がせりあがってくる「すっぽん」と呼ばれる仕掛けがある。

歌舞伎は東京の歌舞伎座だけでなく、新橋演舞場（東京）、松竹座（大阪）、南座（京都）のほか国立劇場（東京）や御園座（名古屋）、各地の芝居小屋などでも上演されてきた。しかし、歌舞伎座での公演は演じる役者にとっても、歌舞伎をみる観客にとっても格別なものである。その歌舞伎座ができたのは一八八九年のことで、その後何回か建て替えられ、現在に至っている。舞台を見に来るお客さんはお年寄りが多いのでエレベーターを設置したり、地下鉄と連絡するなど便利になっている。

歌舞伎の作品には、人形浄瑠璃（文楽）から取り入れた作品が少なくない。中村吉右衛門は「歌舞伎は、それぞれの時代に合わせて柔軟に変化してきた演劇だと思います。ファッションをはじめ文芸や音楽などその時代のいろいろな優れたものに影響を受け、また与えながら創造されてきました。各時代の文化の先端が歌舞伎に詰められているのです。この美意識というか感性は、世界に誇れるものではないでしょうか」(19)とさえ言っている。より観客の心に迫るように、そして美しく見せるのが歌舞伎であり、非日常のように見えて、日常であること、フィクションでありながら実体験と重ねることができるように作品が書かれている。

もともと歌舞伎は前述したように東京や京都、大阪などの大都市だけでなく地方でも開催されていた。そのひとつは鉱山や神社などの歌舞伎で、もうひとつは農村歌舞伎である。前者の代表は現存する日本最古の芝居小屋と言われる香川県の「旧金毘羅大芝居」（金丸座）である。この芝居小屋は一八三五（天保六）年に建てられたものである。江戸時代中頃から金毘羅信仰が全国的に高まり、門前町の形態が整ってくるにつれて芝居小屋として建てられたものである。秋田県の木造芝居小屋「康楽館」は一九一〇年に銀や銅の鉱山として栄えた小坂町に従業員の厚生施設として建てられたものである。直径九メートル以上ある「回り舞台」や花道の下から役者を登場させる「切穴（すっぽん）」はいまでも人力で当時のままである。二〇〇二年には国の重要文化財に指定された。

テレビの普及で客が減少し、老朽化で一九七〇年代にはほとんど使われなくなったが、八五年に建物を所有する同和鉱業（現・ＤＯＷＡホールディングス）が小坂町に無償で譲渡したものである。町は「まちおこし」のために町民の寄付を含め二億二〇〇〇万円をかけて改修し、一九八六年に再開した。二〇〇六年の入場者は八万五〇〇〇人に達した。

後者の歌舞伎としてはいまなお富山県の砺波地方で子ども歌舞伎として、また岐阜県東濃地方や長野県大鹿村で行われているものである。「大鹿歌舞伎」と言われるのは、長野県下伊那郡大鹿村に伝承されている農村歌舞伎（地芝居）である。幕府や政府の禁止にもかかわらず、庶民の娯楽として三〇〇年以上もつづいている。かつて、村内に一三の舞台があったが、現在は四箇所のみとなった。現在では春と秋の年二回の定期公演が行われている。一九七七年に長野県無形民俗文化財に、九六年には国の無形民俗文化財に指定されており、二〇〇〇年には国立文楽劇場で上演された。

六．華道と茶道

日本の伝統文化として茶の湯を茶道、生花を華道と言うが、このほか剣道、柔道などすべてに道をつけて呼ぶ「道」の思想も善悪は別として、日本独特のものであるとして村井康彦は「『道』の文化」[20]と名付けている。道は単に芸術性ばかりでなく、美と精神性の世界を求めるのである。

華道とは草木や花を人間と同じように命のあるものとして見つめ、その美しさを花瓶の上で表現し、いのちの尊さを鑑賞する芸術である。生花を単なる技芸としてではなく、人間としての修養の面を重視した呼び名である。茶道とあわせて「茶華道」と呼ばれることもある。

仏前に花を飾ることは古くからあったが、仏教の伝来と共に人びとの生活に結びつき、いろいろな場所に飾られるようになった。さらに、室町時代になると、書院造りの普及によって決められた方法で床の間に飾られるようになった。花の生け方には立花、生花、自由花などさまざまな生け方がある。

華道は室町時代中期、京都の六角堂の僧侶によって確立されたと言われている。その僧侶が池のほとりに住んでいたので「池坊」と呼ばれたという。江戸時代になると、それまで上流階級・武家階級だけのものであった生花が広く一般庶民の間にも広まり、さまざまな流派が生まれた。池坊から未生流系、古流系、遠州系などの流派が生まれ、多くの達人・名手が生まれた。現在、日本いけばな芸術協会に加盟する流派は約三六〇あるが、非登録流派も合わせると三〇〇〇以上もあると言われている。

茶道とは湯を沸かし、茶を点て振舞う行為である。茶を飲む習慣は平安時代に遣唐使によって中国からもたらされた。もともと「茶湯」とか「茶の湯」と言われていた。千利休は「数寄道」とも言っていたが、江戸時代には「茶道」と呼ばれるようになった。茶道の精神は禅宗の考え方に基づいており、鎌倉時代に禅宗が全国に広まるとともに広がり、室町時代に「茶の湯」が成立した。武家たちは禅を通じて中国の文化を吸収するとともに「わび・さび」という精神文化を生み出した。安土・桃山時代になると、千利休が侘茶を完成させ、これが現在の茶道の原形になったといわれている。

茶道では「わび・さび」の精神を大切にし、茶室という静かな空間、つまり茶室で茶を点《た》てることに集中し、心を落ちつかせる。茶道には「一期一会」という言葉があるが、これは人との出会いを一生に一度のものと思い、相手に最善を尽くすという意味である。田中仙翁が「茶の湯は茶を点ててもてなす亭主と茶を味わう客によって創りだされる世界である」(21)というように茶の湯は芝居や演劇と異なるのは亭主と客という人間関係が基本になっていることである。

千利休の死後、茶道は表千家、裏千家、武者小路千家の、いわゆる三千家の流派が生まれた。茶道にも千利休の他に千道安の流れをくむ流派、千宗旦の流れをくむ流派などさまざまな流派がある。最近は文化庁が企画して全国各地で文化祭が行われるようになり、その際、茶道が取り上げられ、茶席が設けられることが多い。市民文化祭や芸術祭あるいは大学祭などでも茶席が設けられ、一般化しつつある。

注

(1) 玉城　哲・旗手　勲『風土—大地と人間の歴史』平凡社、一九七四年、二三頁
(2) 中藤康俊『人文地理学入門』古今書院、一九八五年、四二頁
(3) 佐藤俊一「『遠野物語』とは何か」サライ、二〇一〇年二月、二六頁。なお、柳田国男の民俗学については福田アジオが『柳田国男の民俗学』(吉川弘文館、二〇〇七年)で体系的にまとめているので、参照されたい。また、同氏は『柳田国男・遠野物語』(大和書房、二〇一〇年)でも同様の趣旨のことを述べている。
(4) 佐藤伸雄『民衆のなかの伝統芸能』一声社、一九七四年、七～八頁
(5) 谷川健一「柳田国男と『遠野物語』を語る」サライ、二〇一〇年二月、二〇頁
(6) 大久保喬樹『日本文化論の系譜』中公新書、二〇〇三年、五八～五九頁
(7) 鈴木　敏・澤田晴智郎・山本耕一『街路のはなし』技報堂出版、一九八八年、四六頁
(8) 田中仙翁『茶道の美学』講談社、二〇〇九年、二四九頁
(9) 新渡戸稲造著・岬龍一郎訳『武士道』ＰＨＰ研究所、二〇〇三年、一九頁
(10) 大久保喬樹『日本文化論の系譜』中公新書、二〇〇三年、三二頁

(11) 藤原新也「四国八ヶ所寺検分旅」『Toriino, vol.7』二〇〇八年
(12) 主婦の友社編『日本人のきまりごと事典』主婦の友社、一九九一年、二一四頁
(13) NHKテレビテキスト『直伝和の極意』日本放送出版協会、二〇一〇年六月～七月、四〇頁
(14) NHKテレビテキスト『直伝和の極意』日本放送出版協会、二〇一〇年六月～七月、四頁
(15) 三橋　健『日本の神々と神社』青春出版社、二〇一〇年、三六頁
(16) 鷲巣　力『公共空間としてのコンビニ』朝日新聞出版、二〇〇八年、一〇四頁
(17) 中根千枝「国際社会の中の日本文化」梅原猛・大江健三郎ほか『日本文化を探る』講談社、一九八五年、六〇頁
(18) ドナルド・キーン著、吉田健一・松宮史郎訳『能・文楽・歌舞伎』講談社、二〇〇一年、三三〇頁
(19) NHKシリーズ『日本の伝統芸能』二〇一〇年、一八頁
(20) 村井康彦『茶の文化史』岩波新書、一九七九年、二〇二頁
(21) 田中仙翁『茶道の美学』講談社、一九九六年、四頁。また、同氏は茶の湯は「密度の高い社交なのである。数人の客と亭主とが、狭い茶席のなかで長い時間を過ごすのであるから、初めて出会った相手とも親しくなる。それがきっかけで一生のつき合いが始まることも珍しくはない。同じ趣味をもった人間が一椀の茶を飲むからであろう」(田中仙翁『茶道ハンドブック』三省堂、二〇〇七年、四～五頁)と述べている。

第三章　文化の重層性

一・大相撲

大相撲は日本相撲協会が主催する競技である。相撲は日本の「国技」として知られているだけでなく、昔ながらの日本文化を色濃く残している点でも注目されるスポーツである。相撲は古事記や日本書紀にも登場するほど古く、神話として扱われ、その形や存在意義を変えながら現在に至っている。その当時は格闘技の色彩が濃かったが、平安時代には宗教的色彩が強くなり、神事として行われるようになった。鎌倉時代になると武芸として、さらに江戸時代には芸能として色彩をもち、職業、スポーツとしての相撲に変わっていった。武道・武術としての相撲は日本人の心を熱く震わせる。

相撲は力士が頭の髪を結い、廻しを締めて土俵の上で裸で強さを競う競技である。強さをあらわす位には強いものから横綱、大関、関脇、小結、前頭と続く。横綱は強いだけでなく、風格・威厳も兼ね備えた人格者でなくてはならない。格闘技としては韓国のシルム、モンゴルのボフ、トルコのヤールギュレシュなどがあるが、相撲もこれらに似た格闘技である。相撲の世界では、力士はもちろん行司や呼出しなど取り組みに関係する仕事はすべて男性が行っている。女性は土俵の上に上がることさえできない。

相撲の中でも大相撲は東京の「国技館」で年三回、大阪、名古屋、福岡で各一回行われる。力士の報酬としては、二〇一〇年には横綱が月給二八二万円、大関が二三四万円と続き、十両は一〇三万六〇〇〇円である。このほか、賞与、手当などを含めると、横綱の年額報酬は四五五一万円、大関は三七二三万円になる。一般庶民の感覚とはかなりかけ離れた待遇であるが、それにもかかわらず、最近若い人が相撲界に入らないと言われる。日本人はもとより相撲、水泳、レスリング、柔道など下半身を使う競技には強いと言われてきた。かつて、若貴兄弟（若乃花勝・貴乃花光司）の活躍で一時相撲ブームが起こったが、日本人の不振が目立つ。近年、横綱や大関などの上位にはハワイ出身の曙、武蔵丸、モンゴル出身の朝青龍や白鵬などの外国出身の力士が多いのも特徴である。外国人力士の中で忘れられないのはハワイ出身の高見山という力士のことである。相撲界独特の厳しい稽古にも耐え、横綱、大関に次ぐ関脇地位にまで上りつめ、平幕で何回も横綱を倒した。その巨体と愛嬌で人気力士となり、四〇歳で引退した後もテレビやコマーシャルの人気者になった。横綱に続く大関には日本人力士もいるが、毎場所彼らの横綱昇進が期待されているものの、なかなか横綱を倒すことができない。

最近、角界では力士暴行死や大麻汚染、横綱朝青龍の騒動、暴力団の観戦など不祥事があいついでいたが、二〇一〇年には大関琴光喜など多くの力士の野球賭博問題が発覚し、力士だけでなく親方も含めて日本相撲協会の刷新が問題になっている。横綱朝青龍や大関琴光喜は角界から追放された。

横綱朝青龍引退後、横綱白鵬の存在は相撲ファンにとって大きな存在であったが、二〇一〇年度大相撲九州場所二日目（一五日）に二〇一〇年度初場所一四日目から続いていた連勝記録は「六三」でストップした。双葉山がもつ角界記録六九連勝への道が途絶えた。「双葉の前に双葉なし、双葉の後に双葉なし」と言われてきたが、白鵬が双葉山を超えられるかどうか大きな関心事であった。

なお、大相撲の海外公演は外国から招待を受けて日本相撲協会主催で取り組みを行うことで、一九六五年にソ連で行った公演以来現在までに一三回開催している。日本の伝統的な国技を外国で披露すると同時に相手国との友好・親善、国際文化交流に寄与することを目的にしている。力士は「裸の親善大使」とも呼ばれる。

二、野球

プロ野球にはセ・リーグに巨人、阪神、中日、広島、ヤクルト、横浜の六球団が、パ・リーグには西武、ロッテ、ソフトバンク、オリックス、楽天、日本ハムの六球団がある。大なり小なりいずれの球団も本拠地との結びつきが強いのは言うまでもない。ただ、最近は巨人が全国的に人気を落とす一方で、千葉市のロッテ、札幌市の日本ハム、仙台市の楽天などが「地域密着」に力を入れている。中日が名古屋市と、広島が広島市と密着していることは以前から言われてきたことである。

球団があれば本拠地にとって、入場券や飲食販売などの経済効果は計り知れない。電通九州（福岡市）の試算によれば、同市に移転した福岡ダイエーホークスが一九八九年から二〇〇三年までに九州にもたらした経済効果は一兆四一一八億円だったという[1]。もし、二〇一〇年に中日がプロ野球で優勝した場合の中部五県の経済波及効果を共立総合研究所（岐阜県大垣市）は二一五億円と試算した。名古屋市内の主要百貨店の月間売上高は四〇〇億円だからおよそ半月分の売上高に相当することになる。

二〇一〇年度のプロ野球日本一を決める日本シリーズはセ・リーグの中日とパ・リーグのロッテの間で一〇月三〇日からナゴヤドームで行われた。第一戦はロッテが勝ち、第二戦は中日が勝った。第三、四、五戦が千葉マリンスタジアムで行われ、第六、七戦はナゴヤドームで行われた。第六戦は延長一五回引き分け、第七戦は延長一二回八対七でロッテが逆転勝ちし、対戦成績を四勝二敗一分けとし、優勝を果たした。早速、千葉や名古屋ではデパートのセールがあり、大勢の買い物客でごった返した。

これら一二球団の選手の平均年俸は二〇一〇年には三八三〇万円で、球団別では阪神がトップで五二八七万円、二位はソフトバンクの五一一九万円、三位は巨人の四八二四万円であり、三年連続最も低かったのは広島の二二九七万円であった。[2] もちろん、選手一人ひとりをみると、大きな格差がある。二〇〇九年のデータでは年俸のトップは巨人の李選手で六億円、次いでラミレスの五億円である（プロ野球データFreak）。子どもたち、特に高校生の間で野球に熱心なのは単にスポーツとしてというよりもこうした高額な所得に心を惹かれるのである。球団経営が厳しいなかで選手の年俸が高すぎるという批判もあるが、そうでなければアメリカに流出するという結果を招く。メジャーでは一〇億円をくだらない年俸を得ることができるという。

観客数は球団の経営に極めて大きな要因であるが、球団によってバラツキがある。二〇〇九年の観客数のもっとも多いのは阪神で、一試合平均四万一七六五人であったが、楽天は一万六七一一人であった。二〇〇九年は巨人がセ・リーグで優勝し、さらに日本シリーズでも優勝したので東京ドームでの一日あたりの観客は四万三五〇二人であった。巨人は「育成ドラフト」制度を活用し、選手編成のあり方を大きく変えたり、野球中継の放映権で多くの収入を上げ、球団の経営を黒字にしている(3)。

毎年、甲子園で開催される高校野球は各県の代表が選ばれるだけに特に熱が入る。代表校に選ばれない限りいくら優秀な選手でも甲子園に出場できないので「野球留学」という問題が出てくる。つまり、大阪府や兵庫県、神奈川県、東京都などの大都市から愛媛、香川、高知、徳島県などの四国、島根、岡山県などの中国地方に高校生が野球留学することである。二〇〇六年には、大阪府から四〇九人、兵庫県から一二八人が流出し、愛媛県に七三人、島根県に五五人、香川県に五四人が流入している(4)。その結果、「野球学校」と世間では呼ばれるような高校が生まれることになる。

高校生球児の間では甲子園に出場することは大学への進学で「東大に進学する」のと同じくらいだといわれる。それだけに、親や高校側の思惑は大変なものがある。私立高校の一部では優良選手の争奪戦の波は少年野球にまで及んでいる。甲子園に出場すると大学進学が有利になるので高校側も親たちもともに力を入れることになる。しかし、公立高校が甲子園に出るのと野球学校が出るのとでは寄付金の桁が違うと言われる。それだけ、高校野球が地域に密着したスポーツであるといえよう。「野球は教育」と言われるが、もはや教育の一環だとは言えないところまできているのではなかろうか。豪華な施設と野球留学生による野球学校の甲子園出場が地元高校野球のレベルを上げることにつながっているのは事実であるが、問題は多いといえよう。

最近、各地でプロ野球の独立リーグが誕生している。二〇〇五年には国内初の独立リーグとして発足した四国アイランドリーグもそのひとつである。その後に、四国アイランドリーグは「四国・九州アイランドリーグ」となり、各チームが年間八〇試合を戦い、優勝を争うしくみである。二〇〇九年の一試合平均観客数はわずか七八二人であったという。(5) 石川、富山、長野、新潟四県に本拠地を置く野球の独立リーグ「北信越ベースボールチャレンジ（BCリーグ）」も地元の多くの企業が出資し、地域の後援会を基盤とするいわば「地域密着型」のプロスポーツチームである。

こうしたプロスポーツが地域活性化で一定の成果を上げているとはいえ、その経営は厳しいところが多く、経営危機に直面しているチームが少なくない。一般に、どのチームも入場料収入、スポンサー収入が伸び悩み、広告収入の減少などで監督や選手の給料をはじめ諸経費がまかなえないのが実情である。

東京ドームを舞台にしたアマチュア野球の最高峰とも言われるものに都市対抗野球がある。社会人野球を取り巻く環境は極めて厳しいが、一九二七年に産声を上げてからすでに八一回を重ねる。野球を愛好する全国のファンに支えられ、多くのドラマをうみ、歴史を積み重ねてきた。大阪市の日本生命をはじめ、日立市の日立製作所など歴史に残るチームがある。野球選手はみな仕事との両立を図りながら全国大会への出場を目指して日々努力している。同時に選手たちは会社の仲間達が応援する声をバネに力を注ぐ。野球を通じて地域活性化の起爆剤となることを目指している。

三、サッカー

二〇一〇年六月一一日、アフリカ大陸で初の開催となるサッカーの第一九回ワールドカップ（W杯）南アフリカ大会がヨハネスブルクで始まった。アフリカ諸国は過去一〇年間資源輸出に先導されて年平均四パーセントの経済成長を続けてきたが、南アフリカは成長するアフリカの入り口に当たる。この国が世界に開かれるようになったのはアパルトヘイト（人種差別）が撤廃され、一九九四年にマンデラ政権が誕生してからである。近年はサッカー界でもアフリカ勢に強豪チームがひしめくようになった。

日本は初戦でカメルーンを接戦の末、一対〇で破り、海外開催のW杯では初めてという歴史的な勝利を挙げた。岡田監督は機動力や細かな技術など「日本人らしいサッカー」を追い求め、練習を重ねてきたという。一方のカメルーンには不協和音があり、チームのまとまりを欠いていたと言われる。日本は第三戦でデンマークを三対一で破り、二勝一敗の二位で通過し、二〇〇二年の日韓大会以来二大会ぶりに一六強へと駒を進めた。自国開催外では初めてで、日本サッカーの歴史にまた新たな一ページが開かれた。世界ランキング四位の優勝候補オランダとの第二戦は敗れたものの最小失点に抑えたことがさらに自信となった。本田選手の活躍は大きかった。しかし、それよりも岡田監督が「チームがひとつにまとまる力、これは日本代表が他のチームにない特質だ」(6)というように「団結力の勝利」というべきであろう。

Ｊリーグには J1とJ2の二つのクラブがあるが、このうちJ1には鹿島アントラーズなど一八チームがある。J1の平均観客動員数は一九九三年の一万七九七六人から一時観客数は減少したもの最近はまた持ち直し、二〇〇九年には一万九一二六人であった。J1のうち、地域との結びつきが最も強いと思われるのが浦和レッズであろう。浦和レッズはスポーツの生活密着を図る「Jリーグ百年構想」を実現させるため、総合的なスポーツクラブとして一九九二年に設立されたものである。プロサッカーの興行や青少年の育成などを通じて活動してきた。活動理念としては、「①「スポーツで、もっと、幸せな国へ」（Jリーグ百年構想）を具現化するため、だれもがスポーツを楽しめることができる場を提供し、健康づくりを支援します。②地域社会と連携し、スポーツ・文化を通じ、地域の発展に努め、豊かな生活文化を想像します。③緑豊かな自然環境と共生し、次の世代に誇れるホームタウンを創ります」（浦和レッズ会社案内）と述べている。要するに、浦和レッズが目指すものは「世界」と「地域」の両輪でその花を大きく咲かせることである。

浦和レッズのホームグランドは二〇〇一年にさいたま市緑区に完成した埼玉スタジアムである。このスタジアムの収容人員は六万三七〇〇人で球技専用スタジアムとしては国内最大級のものである。二〇〇二年にはFIFAワールドカップ（W杯日韓大会）の会場ともなった。スタジアムは埼玉高速鉄道線・浦和美園駅から徒歩一五分の場所にあり、東京からも四〇分ぐらいで行くことができ、きわめて便利である。埼玉スタジアム公園内には一五〇〇台収容の駐車場がある。J1リーグ戦の一試合平均観客数は五万人を超え、二位のアルビレックス新潟や三位のFC東京などを大きく引き離している。すでに六〇年以上の伝統を持つプロ野球の阪神、巨人などの観客動員数を大きく上回っている。

浦和美園駅の近くにはジャスコをはじめ一七〇専門店のはいったイオン浦和美園ショッピングセンターがあり、周辺のマンション開発も進みつつあり、埼玉スタジアムを中心に「浦和レッズ」のまちに変わりつつある。サッカーを地域の活性化や地域の振興に役立てようとしている。これは、浦和レッズに限らず最近では鹿島アントラーズや川崎フロンターレなどでも言えることであるが、浦和レッズの取り組みは格別である。

サッカーが浦和で成功した要因にひとつは「浦和にはサッカー文化の土壌があった」[7]からである。戦前、一九三七年には、浦和師範が全国優勝しているし、戦後は一九五一年の第三〇回大会で優勝した浦和高校から七六年に優勝した浦和南高校までの二五年間に浦和市内の高校が一二回も優勝している。岡田氏は「Jリーグで成功しているクラブは、地域やファンの声によく耳を傾け、地元の共同体やサポーターの自主的な盛り上がりを後押しして自主性を引き出し、地域とサポーター、クラブがお互いにとってプラスになるような関係性を築いています。これは、企業スポーツである野球とは全く異なる文化です」[8]という。

浦和が成功したもうひとつの要因として挙げられるのはサポーターの存在である。浦和レッズを支えているのはさいたま市民だけではない。全国四四都道府県から加入している一万人を超えるサポーターである。Jリーグがまとめた「スタジアム観戦者調査報告書」によれば、観客の平均年齢は三五・九歳で、草創期は若者のブームとみられたJリーグも家族連れなど客層に広がりが出てきた。とくに、同伴者の平均人数は浦和レッズが七・四人と最も多く、二位の広島の四・五人を大きく引き離し、観客動員数はリーグ史上最多の一試合平均四万五五七三人に達したという[9]。完全に他のクラブを抜く存在となったのはサポーターの存在である。

四．東アジア競技大会

東アジア地域のスポーツ交流を盛んにするとともにこの地域の結束力を強めるために一九九一年に日本が第一回東アジアＮＯＣ会議において「東アジア地域のスポーツ交流を盛んにし、競技力の向上を図ること、この地域のオリンピック・ムーブメントの発展に貢献する」ことを提案した大会である。日本、中国、韓国、北朝鮮、香港、マカオ、モンゴル、中華台北（台湾）、カザフスタン、グアムなどの国と地域が参加する。翌一九九二年の第三回会議で九三年に第一回大会を中国・

上海で開催することが決定された。当初、二年に一回開催する予定であったが、一九九五年に北朝鮮・平城市で予定されていたものの同市が辞退したので九七年に韓国の釜山市で開催され、大会も四年に一回開催されることになった。二〇〇一年には第三回大会が大阪（日本）、二〇〇五年には第四回大会がマカオ（中国）、二〇〇九年には第五回大会が香港（中国）で開催され、二〇一三年には第六回大会は天津（中国）で開催された。

五．アジア競技大会

第二次世界大戦後、インドの提唱によって始められた総合競技大会である。「アジア大会」と呼ばれることもあり、「アジア版オリンピック」とも言われる。一九一三年から日本、中国、フィリピンの三か国で行われていた極東選手権大会と一九三四年にインドのニューデリーで開催された西アジア競技大会を基盤としたものである。第二次世界大戦後、一九四七年にロンドンでアジア一三か国の会合があり、アジアの総合競技大会の開催が決定され、翌四八年にインドのニューデリーで開催されることが決定した。一九四九年にはアジア競技連盟が創立された。設立当初には、インド、アフガニスタン、ビルマ、パキスタン、フィリピンが加盟し、一九五一年にインドのニューデリーで第一回大会が開催された。その後は夏季オリンピックの中間年に開催されている。一九五八年には第三回大会が東京で開催され、オリンピック招致活動に大きな役割を果たした。

　第四回大会以降はしばしば政治的な問題に翻弄された。一九六二年にインドネシアのジャカルタで開催された第四回大会ではインドネシア政府が台湾とイスラエルの参加を拒否したので翌六三年には国際オリンピック委員会（ＩＯＣ）がインドネシアの資格停止を決定した。これに対抗してアラブ諸国一二か国が東京オリンピック参加のボイコットを示唆するなど国際スポーツ界分裂の火種となった。一九七〇年の第六回大会は韓国・ソウルで開催される予定であったが、北朝鮮兵士のソウル侵入事件の発生で開催が返上され、急遽、前回開催されたタイのバンコクで開催された。一九七四年の第七回大会はイランのテヘランで開催されたが、中国と北朝鮮がイスラエルとの対戦を拒否するなどの問題が発生した。一九七八年の第八回大会では警備上の問題からイスラエルの参加を拒否、八二年にインド・ニューデリーで開催された第九回大会でもイスラエルはインドへの入国を拒否された。

　一九八六年からはこれまでの夏季大会に加えて冬季大会が開催されるようになり、第一回と第二回大会は日本（札幌）で、第五回大会は日本（青森）で開催された。二〇〇六年の第一五回大会はカタールのドーハで開催され、三九種目の競技が行われたが、大会が巨大化する懸念が生じた。当初、参加国・地域は一一、参加選手は約五〇〇人であったが、韓国・釜山で開催された第一四回大会では参加国・地域は四四、参加選手は約九九〇〇人と大幅に増加した。二〇一〇年には中国・広州で第一六回大会が開催されたが、囲碁が新種目として採用された。

六．世界選手権大会

オリンピックに次ぐ世界的規模で行われる世界選手権大会としては世界水泳選手権、世界陸上選手権大会、バレーボール世界選手権、世界柔道選手権大会などがある。このうち、世界水泳選手権はオリンピックに次ぐ重要な大会である。競泳競技ではこの大会で世界記録が更新されることが多い。一九七三年にユーゴスラヴィアで四七か国、六八六人が参加して開催されたのが第一回大会である。第九回大会は日本（福岡）で開催された。夏季オリンピックの前年と翌年にそれぞれ二年に一回開催されている。

第一回大会から長い間アメリカと東ドイツが水泳界の二大大国であったが、その後に旧ソ連やオーストラリアなどが躍進した。これまでのメダル獲得数はアメリカが圧倒的に多くて四三六個、次いでドイツの二六六個である。日本は世界第一四位で、八一個である。最近の記録では、シンクロナイズドスイミング・デュエットで立花・武田組が金メダルを獲得、北島康介が平泳ぎで金メダルを獲得するなど日本の水泳界の活躍も目覚しい。

世界陸上競技選手権大会は一九八〇年にモスクワオリンピックが西側諸国のボイコットを機に

新設されたものである。一九八三年にヘルシンキで第一回大会が開催され四年ごとに開催されていたが、一九九一年の第三回大会が日本（東京）で開催されてからは二年ごとに開催されており、第一一回大会は再び日本（大阪）で開催された。オリンピックよりも参加する国も多く、注目されている。

第一回大会以来二〇〇九年のベルリン大会までの一二回の大会のメダル数ではアメリカが圧倒的に多く二五〇個で、次いでロシアの一三三個であり、日本は世界で三五位、二〇個である。日本では夏季オリンピックの前年の大会はオリンピック代表選考を兼ねている。一九九一、九三、九七年にはマラソンで金メダルを獲得したが、その後は銀か銅である。

七．オリンピック

オリンピックは四年に一度国際オリンピック委員会（ＩＯＣ）が開催する世界的なスポーツ競技大会である。オリンピックの開催地はこれまでほとんどが北半球の国々で、南半球では少ない。日本が初めて参加したのは一九一二年に開催されたストックホルム大会（スウェーデン）であるが、一九二八年のアムステルダム大会（オランダ）からは女子選手も参加した。一九四〇年の夏季大会を東京で、冬季大会を札幌で開催することに成功したものの戦争で中止せざるを得なかった。しかし、一九六四年には夏季大会を東京、一九七二年と一九九八年に冬季大会を札幌と長野で開催した。

オリンピックには夏期と冬期の大会があり、第一回夏季大会はギリシャのアテネで開催され、世界大戦で中断されたこともあるが、継続して開催されている。冬季オリンピック第一回大会は一九二四年にシャモニー・モンブラン（フランス）で開催された。第一次世界大戦で一九一六年のベルリン大会（ドイツ）は開催中止となったが、二〇年のアントワープ大会（ベルギー）から再開された。第二次世界大戦で、オリンピックは二度も開催されなかった。第二次世界大戦終了後、一九四八年にロンドンで再開されたが、日本とドイツは招待されなかった。一九五二年のヘルシンキ大会（フィンランド）よりソビエト連邦が参加し、名実ともに「世界の大会」と呼ばれるようになった。従来オリンピックの開催地は欧米のみに限定されていたが、一九五六年にはメルボルン（オーストラリア）、一九六四年には東京と新たに開催地が広がった。

しかし、オリンピックが世界の大会になるにつれ、政治に左右されるようになった。一九六八年のメキシコ大会（メキシコシティ）では黒人差別問題、七二年のミュンヘン大会（西ドイツ）はイスラエル選手の殺人事件、七六年のモントリオール大会（カナダ）ではニュージーランドのチームに対しアフリカ諸国がボイコットした。一九八〇年のモスクワ大会（ソビエト連邦）では、ソビエト連邦のアフガニスタン侵攻に反対してアメリカ、西ドイツ、日本が相次いでボイコットした。これに対し、一九八四年のロサンゼルス大会（アメリカ）ではこれに抗議してソビエト連邦がボイコットした。

オリンピックが巨大化するにつれ財政負担も大きな問題となってきた。一九七六年のモントリオール大会（カナダ）では大幅な赤字を出した。その一方では、一九八四年のロサンゼルス大会（アメリカ）ではスポンサーから金を集めるなどの商業主義が前面に出て、大幅な黒字を出した。一九九〇年前後から冷戦構造の終結により、政治的色彩は薄くなったもののドーピング問題や過度の誘致合戦など新たな問題が出てきた。

今後、二〇一二年には第三〇回大会がロンドン（イギリス）で開催された。第三一回大会は日本では東京と福岡の間で争われたが、東京に決定し、オリンピック開催委員会に立候補したものの敗れ、リオデジャネイロ（ブラジル）で行われ、二〇二〇年の第三二大会は東京で開催される。

八．国民体育大会

日本で開催されるスポーツの祭典である。都道府県対抗・持ち回り方式で毎年開催される。大会のあり方はスポーツ基本法で位置付けられており、日本スポーツ協会、文部科学省、開催地都道府県の三者共催で行われる。戦前、明治神宮外苑で行われたこともあるが、一九四六年戦後の混乱期のなかで国民に希望と勇気を与えるため第一回国民体育大会が行われた。当初、恒久的に関西地区で開催される予定であったが、石川県が第二回秋季大会の開催地として立候補したことが契機となり持ち回りとなった。

二〇一八年には第七三回大会が福井県で「福井しあわせ元気国体」が開催された。この大会では冬季大会ではスキー、スケート、アイスホッケー三競技、本大会では正式競技として陸上競技をはじめ三七競技、特別競技が一競技、公開競技が四競技行われた。

各種別ごとに参加得点及び競技得点を与え、それらの都道府県別の合計で天皇杯・皇后杯を争うことになっている。一九六四年の新潟国体以降、開催都道府県が天皇杯、皇后杯を獲得することがほぼ常態化している。これは開催都道府県の代表が予選の結果に関係なく全種目に出場できる、いわゆる「フルエントリー制」の存在や開催都道府県が選手の強化などに取り組んでいるからである。近年、開催都道府県の「勝利至上主義」が批判されている。また、開催競技の増加、開催自治体の負担増にともなう「大会規模の肥大化」が問題になっている。

九．スポーツの時代

古くから日本国民の間で親しまれてきたスポーツは相撲、野球などであるが、最近はサッカーが広く浸透しつつある。これまでスポーツは高度経済成長のための国民統合の手段に過ぎなかったが、一九八七年に総合保養地域整備法（リゾート法）が成立すると、国民の自由時間の増大と生活様式の変化を背景に余暇活動が活発になり、多くの国民の間でスポーツが盛んになった。

今のスポーツ振興法は、東京オリンピックをめざし、一九六一年に制定されたものである。半世紀も前につくられた法律を一新したいという願いは与野党問わず共通である。かつて、自民党と公明党はスポーツ庁の新設も含めたスポーツ基本法を議員立法で政府に提出したが、民主党内に「行財政改革の流れに反する」と反対意見があり、成立しなかった。二〇一〇年七月、文部科学省は今後一〇年間のスポーツ政策の方向を示す「スポーツ立国戦略」を発表したが、これが初めてではない。自民党政権であった二〇〇七年の「スポーツ立国ニッポン」では副題で「国家戦略としてのトップスポーツ」とうたい、オリンピックのメダルを増やすことを一番の目標とした。今回のそれによれば、今後のスポーツは地域に根ざし、子どもから大人までが様々なスポーツに親しめる総合型地域スポーツクラブである。その意味では、民主党が掲げた「新しい公共」をスポーツを通じて実現したいという思いが現れている。

総合型地域スポーツクラブは自民党政権下の二〇〇〇年に国が策定した「スポーツ振興基本計画」では二〇一〇年までの一〇年間に各市町村にひとつはつくると示された。創設準備中のものも含めて三〇〇〇近いクラブができたが、いまその多くが会員不足や活動場所の確保に苦労している。

注

(1) 福井新聞、二〇〇四年九月一二日
(2) 中日新聞、二〇一〇年四月二七日
(3) 週刊東洋経済、二〇一〇年五月一五日
(4) 毎日新聞、二〇〇六年八月六日
(5) 日本経済新聞、二〇〇九年一一月二三日
(6) 日刊スポーツ、二〇一〇年七月二日
(7) 岡田康宏『日本サッカーが世界で勝てない本当の理由』毎日コミニュケーションズ、二〇一〇年、一四九頁。山中伊知郎は地域にある文化が定着し、盛り上がっていくには、少なくとも「土壌、ドラマ、演出」の三つの要素が必要だと述べている(山中伊知郎『六万人の熱狂』KKベストセラーズ、二〇〇九年、七三頁)。
(8) 岡田康宏『日本サッカーが世界で勝てない本当の理由』毎日コミニュケーションズ、二〇一〇年、一六三頁
(9) 日本経済新聞(夕刊)、二〇〇六年、一二月二一日

第四章　文化の地域的多様性

一・祭り

松平誠は『祭の文化』の冒頭で、「祭は、日本人の心のふるさとである」[1]と述べている。日本では年中どこかで祭りが行われているといってもよいくらい祭りが多い。われわれ日本人の生活には古くから「ハレ」と「ケ」がある。「ケ」が日常的な時空間に対して使われる言葉であるのに対し、「ハレ」は非日常的な時空間を意味する。「ハレ」の日の典型が「祭り」である。祭りは神を迎え、神をもてなし、そして神を送る行事である。信者（氏子）たちは五穀豊穣、無病息災を神に対しお祈りする。農村では農作業に合わせて春には豊作を祈願し、秋には収穫に感謝して祭りが行われる。都市では疾病が流行する季節に疫病除けを目的とした夏祭りが行われる。「ハレ」の日には餅など特別な料理を食べ、晴れ着を着て神社にお参りする。神社の境内では芝居小屋などの芸能、娯楽施設や露店が開かれる。

このような祭りも近代以降、とりわけ高度経済成長期以降、急速に変容もしくは消滅していった。その原因はいろいろ考えられるが、最も大きな要因は戦後の経済成長の過程で地方の農村人口が流出して過疎化が進み、祭りを支える「若者」が減少し、高齢化、過疎化していったことが大きく影響したと考えられる。

その一方で、「祭り」とはもともと「神のいるイベント」であったが、「神のいる祭り」をさがすのは困難なほど従来の「祭り」では把握し切れないほど多様化してきた。伝統的な祭りのほかに各種イベント、テーマパークまで含めると実に多種多様である。また、従来「祭り」は地域の共同体の祭りであったが、今では観光のための祭りになっているものも少なくない。つまり、「祭り」が神事から芸能、見せ物へと変化し、イベント化しているケースも少なくない[2]。また、行政サイドでは地域振興ないしは地域活性化を目的として「祭り」を取り上げているものもみられる。

かつては地域（共同体）の祭りというとき、伝統的には地縁の祭りしかさしていなかった。しかし、近代化によって社会が多元化するにつれ祭りも多元化してきた。上野千鶴子は社会的縦滞を地縁、血縁、社縁、選択縁の四類型に分け、「かつては地縁は、血縁・社縁・選択縁などと未分化に融合し、ひとつの包括的な祭りの中に、表現されていた。今日では、社会的世界の分離と文化とともに、個々の祭りもまた包括性を失っている。かつては祭りといえば無条件に、地縁の祭りを指したのに、現在では、地縁の祭りはさまざまな祭りのうちの一つにすぎなくなっている」[3]と述べている。

いずれにしても現代は「神のいる祭り」から「神のいない祭り」へ、「祭り」から「イベント」へと大きく変化しているといえよう。ただ、問題はわれわれがこのような世界に生きているが故に、「はたして、この現代の商品化されたハレが、どこまでこうした人びとの心の奥底にあるケガレを祓い落とし、精神を昂揚させ、満足させているのだろうか」[4]と考えこまざるをえない。

江戸時代の三大祭は京都の祇園祭、大坂の天神祭、江戸の山王祭だと言われるが、多彩な飾り付けの山車や屋台を練り回し、付祭とよばれる踊り屋台や音頭、囃子などの音楽が加わり、大仕掛なのが特徴である。その傾向は上方、江戸から地方にも広がった。

江戸幕府は経済的な裏付けとして全国の中でも肥沃な米どころ、金、銀、銅などの鉱山、林業地帯、商品流通や交通の拠点などの土地を押さえ、「天領」とした。そこでは多くの富を蓄積した町人や商人がうまれた。天領の豪商たちは祭りを通じて自らの経済力を誇示した。そこに多くの農民や一般大衆のエネルギーが重なり、大きな「祝祭空間」ともいうべき「ハレの舞台」がつくられた。そういう天領のひとつとして挙げられる岐阜県高山市の「高山祭」は四月半ばの山王祭と一〇月の八幡祭には豪華絢爛な祭舞台は動く陽明門と言われる。匠たちのノミの技術と周囲の山林から得た富を得た当時の豪商たちの財力がうかがえる。

また、大分県日田市は久留米や長崎、熊本、別府などに通じる交通の要衝として、また林業の盛んなところで毎年春になると「天領日田おひなまつり」が開催される。この町では今も当時の商人たちが贈り物やわが子のお祝いに京都や大坂などで買い求めた豪華絢爛な雛人形が大切に受け継がれている。なかでも、製蝋媒業を営み、上方まで販売していたと言われる草野本家の段飾りは圧巻である。二〇畳の座敷に飾られた享保時代から明治初期までのおよそ一八〇体の人形は豪商の暮らしぶりを垣間見るようである。「天領日田おひなまつり」はこのような旧家に残る雛人形を「まちおこし」の一環として二十数年前から一般公開されているものである。

このほか東北地方では青森の「ねぶた祭り」、秋田の「竿灯祭り」、仙台の「七夕祭り」、そして山形の「花笠祭り」が東北四大祭りと言われ、東北の短い夏を彩る郷土色豊かな祭りである。四国の高知では「高知よさこい祭り」、徳島の「阿波踊り」が有名である。

阿波踊りは「踊る阿呆に見る阿呆、おなじ阿呆なら踊らにゃ損損」と唄われ、約四〇〇年の歴史があると言われる。二〇一〇年八月一二日から四日間開催された「阿波踊り」には全国から観光客が一三五万人も集まったという。地元企業や各種団体、あるいは踊り好きの仲間たちで構成されたグループは「連」と呼ばれ、まとまって踊る。コミカルでダイナミックな「男踊り」に対し、「女踊り」は優美で華やかである。「連」の中では上下の関係はない。日頃の立場を超えてみんなが声を揃え、鳴り物のリズムに合わせて文字通りみんなが一丸となってつかのまの浮世を忘れ、「踊る阿呆」になる。厳しい経済状況のもとでこうした余裕もなくなりつつあるが、「阿波踊り」が地域に与える影響は計り知れないほど大きい。

二、YOSAKOIソーラン祭り

こうした祭りがどちらかいうと年配の人に支えられているのに対し、一九九二年から始まった「YOSAKOIソーラン祭り」は若者に支えられた新しい祭りである。北海道大学のひとりの学生が高知の「よさこい祭り」と北海道の「ソーラン節」を取り入れ、札幌で始めたまったく新しい祭りである。その祭りがわずか一〇年間で参加者約四万人、観衆二〇〇万人にまで膨れ上がり、一大イベントにまで発展したのは現代の若者のエネルギーの具体的な表れでもある。今日では、この祭りが社会に与える影響は大きく、「単なる祭りではなくて、社会運動という面も生じてきている」[5]という。

「よさこい祭り」というのは、一九五四年に高知市で始まった祭りで、「不景気を吹き飛ばし、市民を元気づけようと行われたのがはじまり」[6]である。そのよさこい祭りが北海道で「YOSAKOIソーラン祭り」に発展したものである。

名古屋で一九九九年から始まった「にっぽんど真ん中祭り」も中京大学のひとりの学生が札幌のYOSAKOIソーラン祭りに刺激を受けて始めたものである。祭りの基本理念としては「それぞれの地域文化に誇りが持てるコミュニティづくりを推進する」とか「世界の地域文化が集い、全員参加型の祭りを目指す」という。参加は一チーム五〇〇人以下とし、札幌のYOSAKOIソーラン祭りにならって鳴子を持ち、楽曲に地元の民謡をとりいれて踊るのがルールである。祭りの開催委員会には愛知県や名古屋市、名古屋商工会議所、朝日新聞社などが加わる。二〇〇七年にはこの祭りを主催する組織として全国で初めて財団法人化に成功した。名古屋にも「名古屋まつり」をはじめ、古くからの祭りもあって、新しいものを受け入れないと言われていたが、二〇一〇年には参加チーム数は二二一、観客は二〇〇万人を超えた。

三．おわら風の盆

「おわら風の盆」というのは富山県八尾町（現富山市八尾町）で毎年九月一日から三日まで行われる祭りである。江戸時代に催事として始まり、その後、「台風の厄日」とされる二百十日に風水害を鎮め、豊作への願いを込めた民謡行事となった。

八尾には大きな祭りが二つある。「曳山祭」と「おわら風の盆」である。江戸時代から八尾の蚕種は全国に名を馳せ、生糸、和紙などの物資の集散する商業地として栄えた。八尾ではこうした商人の豊かな財力と文化土壌を基盤に多彩な町衆文化が花開き、大きな祭りが今日まで育まれ、伝えられてきた。

「おわら風の盆」は古くは町衆が九月一日から三日の間、三日三晩、踊り明かしたが、最近では前夜祭と称して八月末から行われている。かつては三万人前後であった観光客も最近は三〇万人にも増えたからである。唄い手、囃子、三味線、太鼓、胡弓からなるいわゆる「地方《じかた》」が「おわら風の盆」には欠かせない重要な役割を担っている。夕方になるとどこからともなく一一の町内から菅笠に顔を隠した男女が唄、胡弓や三味線の音にあわせながら夜中まで踊り、町内を練り歩く。

八尾町は、富山県のほぼ中央、富山平野の南西部にあり、飛騨に連なる山並みと接する位置にある。ここは一五六三年、浄土宗の名刹、聞名寺が桐山に建立されてから、その門前町として発達してきた。「八尾」の名称の由来は、飛騨の山々から越中側へのびる八つの山の尾根に拓かれた土地を意味し、坂の町である。井田川の清流を見下ろす高台には白壁の土蔵や石垣が続き、街中の通りには造り酒屋、旅館、格子戸の家々が軒を並べている。諏訪町は一九八六年に「日本の町百選」に選ばれ、無電柱化と石畳化の工事が行われ、町民あげて景観の保全に努めている。この町を舞台にした名作も高橋　治の『風の盆恋歌』、五木寛之の『風の柩』など数多い。

現在、八尾町の最大の課題は人口減少、過疎化にどう対応するかである。一九六〇年の国勢調査では、二万七〇〇〇人もあった人口は九〇年には二万二〇〇〇人あまりに減少してしまった。しかも、若い人が流出してしまい、活力が失われている。町はテクノポリス構想にもとづき工業団地を造成し、（株）富士通を誘致するなど積極的に雇用の拡大を図っているが、人口の減少は「おわら風の盆」の保存にも影を落としている。おわらの保存会は後継者の育成に努めており、一年にわずか三日間のためであるにもかかわらず、一年中稽古や練習が行われている。観光客には「おわら風の盆」の裾野も底辺もわからないかもしれないが、この踊りを毎年続けることは並大抵のことではない。町の人びとに共同体意識が脈脈と受け継がれていると捉えるべきであろう。しかし、経済成長による急激な経済・社会構造の変化によって、地域社会における共同作業は必要でなくなり、祭りへの参加も町民の意識も変わりつつある。

「おわら風の盆」には歌い手、三味線、胡弓、太鼓のほか踊り手がたくさん必要である。しかし、踊り手が不足し、一〇代、二〇代の人たちが全員参加することはもちろん、三〇代、四〇代の主婦まで加わらざるをえない。かつては、踊り手は結婚すると踊らなくてもよかったが、最近ではそんなことは言っていられなくなった。「おわら」は本来見せるものではなく、自ら演じて楽しむもので、観光化と相容れないものかもしれない。八尾町は観光化が進むにつれ、新たな課題に直面しているといえよう。

四．テーマパーク

日本のテーマパークは一九八四年に東京ディズニーランド（ＴＤＬ）が千葉県浦安市に開業したことに始まった。二〇〇七年の入場者数は二五〇〇万人を超え、日本人の四人に一人を毎年動員すると言われる集客力は二位のユニバーサル・スタジオ・ジャパン（ＵＳＪ、大阪市）のおよそ三倍である。入場者の約六割は一八～三九歳であり、四〇歳以上は二〇パーセントに満たない。最近は、カップルや友人同士が減り、家族連れが増えて四〇歳以上の人たちが少しずつ増加している。それでも最近は景気の悪化や少子化や娯楽の多様化の影響で入場者が減少しているので会社としてはホテルを経営するなど「滞在型リゾート」施設をめざしている。

一九八七年に総合保養地域整備法（リゾート法）が施行されると、テーマパークが「東京ディズニーランドに追いつき、追い越せ」と言わんばかりに全国に広がった。しかし、地方のテーマパークは一九九〇年代後半から相次いで閉鎖や縮小の道をたどることになった。年末になると、子どもたちで賑わう東京ディズニーランドや大阪のユニバーサル・スタジオ・ジャパンの影で消えていくテーマパークが増えた。倉敷のチボリ公園（岡山県）、歴史村（北海道夕張市）、シーガイア（宮崎市）などがその一例である。テーマパークは二〇〇四年には五二か所であるが、一九九七年に比べると二割も減少したことになる。

倉敷のチボリ公園は一九九七年にデンマークのコペンハーゲンにある世界最古のテーマパークで知られるチボリ公園のノウハウを導入し、文化性とアミューズメント性を兼ね備えた都市公園として開園したものである。デンマークにある世界最古のテーマパークにならい北欧の自然と文化をテーマにした。開園初年度は二九八万人、二年目は二九四万人もの入場者があり、滑り出しは順調であったが年々減少し、二〇〇五年には開園以来はじめて一〇〇万人を割ることになった。人件費や業務委託費などの削減に努めたが、入場者の大幅な減少もあって開園当初から赤字続きであったチボリ公園には官民あわせて五〇〇億円近い資金が投じられたが、その運営は公共性と収益性のはざまで揺れ続け、二〇〇八年一二月に閉園せざるをえなくなった。

五．博覧会

樺山紘一は都市の特徴を博覧場と排泄場に見いだしている。(7) 国際博覧会が世界で最初に博覧会が開催されたのは、一八五一年のことであって、イギリスのロンドンで開催された。その後、戦時中を除くと二～三年ごとに世界各地で開催されてきた。日本で開催されたのは一九七〇年のことでアジア初の万国博覧会であった。「人類の進歩と調和」をテーマにした博覧会は入場者数六四二二万人という史上最大のものであった。その後、一九七五年には沖縄で「海―その望ましい未来」をテーマとして沖縄国際海洋博覧会が、八五年には筑波研究学園都市で「人間、居住、環境と科学技術」をテーマとして国際科学技術博覧会が、九〇年には再び大阪で「花と緑と人間生活の調和」をテーマとして国際花と緑の博覧会が開催された。さらに、二〇〇五年には愛知県で「新しい地球創造：自然の叡智」をテーマとして日本国際博覧会が開催された。

一九八一年に神戸市で開催された「ポートピア'八一」は入場者数や経済波及効果などの面で大きな成果を収めたが、これに刺激されて地方自治体が開催する地方博に火がつき、八八年に開催された地方博は「さいたま博覧会」「瀬戸大橋架橋記念博覧会」「なら・シルクロード博覧会」「ぎふ中部未来博覧会」「青函トンネル開通記念博覧会」などがある。地方博は完全に競争状態に陥り、よほど優れた企画力や天候条件に恵まれないと目標の集客を確保するのは難しい状況であった。それでも地方博は毎年のように全国各地で開催され、一九九三年に兵庫県で開催された「アーバンリゾートフェアー'九三」には一六三五万人の入場者があった。一九九二年に富山県で開催された「第一回ジャパンエキスポ富山'九二」には二三七万人の入場者があったが、兵庫県のような大都市圏ではないところで開催された地方博覧会としては大きな成果を上げたのではないか。その背景には次のような事情が考えられる。

六、ジャパンエキスポ富山

わが国の博覧会に対する認識を一変させたと言ってよいほど大きなインパクトを与えたのは一九七〇年に大阪で開催された日本万国博覧会であったが、それ以後、八五年までの一五年間に地方自治体が開催した博覧会はわずか五件にしかすぎなかった。ところが、一九八一年の神戸・ポートアイランド博覧会の成功と市政百周年記念によって八五年以降各地で博覧会が開催され一種の博覧会ブームをつくり出した。八八年のなら・シルクロード博覧会（奈良市）、瀬戸大橋架橋記念博覧会（倉敷市）、ぎふ中部未来博覧会（岐阜市）、八九年のアジア太平洋博覧会（福岡市）、横浜博覧会（横浜市）など大きな成功をおさめた。ところがその一方で一九八八年に北海道で開催された博覧会「世界・食の祭典」のように、本来ならば北海道経済の活性化の起爆剤になるはずだったのが、八〇億円に上る巨額の赤字を出し、反省を求められたものもある。

一般に博覧会は景気が低迷している時期に景気浮揚策として開催されることが多い。その意味では、この時期に博覧会が開催され、一種のブームをつくり出したことは市政百周年とあわせて考えるとわからないわけでもないが、大都市周辺ならいざ知らず地方で博覧会を開催するのは危険をともなうことも承知しておかなければならない。

富山県小杉町太閤山ランドを会場として「第一回ジャパンエキスポ富山'九二（エキスポとやま博）」が開催されたのは一九九二年七月一〇日から九月一六日までの八〇日間であった。当初入場者数を一五〇万人を目標としていたが、最終的には二三六万人という大幅に目標を上回る入場者があった。また博覧会協会の収支決算によれば、およそ三億円の収入を上げたことになる。博覧会が成功したかどうかは何をもっていうかが問題となるが、こうした点からみるかぎり、富山県で開催されたジャパンエキスポ'九二は大成功であったと言えよう。

博覧会は地域の活性化とイメージアップのために開催されることが多いが、博覧会の終わった後、成功したか失敗に終わったか、いずれにしろ十分分析したものはほとんどない(8)。ここでは富山県小杉町で開催されたジャパンエキスポ'九二をふり返り、大成功をおさめたといわれる博覧会の背景と問題点をコミュニティとの関連で明らかにすることを目的とする。

（一）　博覧会開催の経過

積極的で進取の気性に富む富山県民は、きびしい風土を克服して売薬行商と北洋漁業、北海道移民に代表されるように積極的に県外へ、そして時には海外へと雄飛して郷土の発展のために活躍してきた。その一方で、きびしい自然条件のもとで水害に悩まされた富山県民は、治水から利水へと転換させ、豊かな電力生産をもとに日本海側唯一の工業県をつくりあげた。富山県で開催された一八八五年、一九〇〇年、一九一三年の連合共進会、一九三六年の日満産業大博覧会、一九五一年の高岡産業博覧会、一九五四年の富山産業大博覧会、そして一九八三年のにっぽん新世紀博覧会はいずれも当時の経済事情を反映し富山県の産業の振興と経済の発展に大きく貢献したものである。

政府の「国民生活白書」（一九九一年度）をはじめ種々のデータをみるかぎり、富山県は日本でもっとも住みよい県の一つであるにもかかわらず、若者の県外への流出と人口減少、高齢化に表されるようにきびしい局面にたたされている。その理由の一つは、最近の経済変動に富山県の産業構造が必ずしもうまく適合してないことが挙げられる。その一方で、政府が一九八七年に策定した第四次全国総合開発計画では東京一極集中の是正と多極分散型国土づくりを目標として掲げたものの、実際には東京にヒト、モノ、カネ、情報などあらゆる機能がますます集中して地方との格差は増大するばかりであって、富山県でもその影響を強く受けざるを得ない。そこで、富山県では一九九一年に新富山県民総合計画を策定し、新たな地域課題や経済社会の変化に的確に対応し、新しい世紀をひらくにふさわしい長期的、総合的な県づくりの目指すべき方向と、これを実現するための方策を明らかにした。このなかで、県づくりの基本目標として「二一世紀のとびらを開く地域づくりのシナリオとして、日本の縮図とも言うべきこの富山を舞台に、日本のパイオニア県を合い言葉に、県民みんなで、世界に開かれ貢献する新しい県づくりに取り組み、豊かな発展の可能性を開花させ、実を結ばせ、活動にあふれ、発展する富山、温かい心に満ちた美しいふるさと、ともに生きることに誇りと喜びを感じる富山―しあわせに生きる、富山の創造を目指していこう」(9)と述べている。そして、そのためには三つの日本一、すなわち日本一の健康・スポーツ県、日本一の花と緑の県、日本一の科学・文化県へ挑戦することにしている。また、基本目標を実現するために三つの政策、すなわち、明日を拓く人づくり（健康で生きがいのある生活の確保、創造性に富み、心豊かな人間の育成）、魅力ある郷土づくり（快適な暮らし、美しい郷土の建設）、活力ある産業づくり（新しい時代をリードする力強い産業の育成）を施策の柱とした。

一方、通産省では、二一世紀を展望した地域発展構想シナリオの重要な一翼として、地域が創造的かつ個性的な博覧会を開催することを目的に掲げて一九八九年にジャパンエキスポ制度が創設された。毎年、二～三年後に開催予定の地方博を全国八ブロックのなかから二つほど選んで認定し、調査費二五〇〇万円を補助する。会期六〇日、予想入場数者一〇〇〇万人を超える規模が認定対象の目安だという。

今回、富山県で開催された博覧会は通産省のジャパンエキスポ制度の第一号である。この博覧会は「人づくり、郷土づくり、産業づくりへの多様な展望のなかで、私たち富山県民はグローバルな視野に立ち、先見性を持って、時代の潮流を的確にとらえ、確固たる未来を築き上げようとしている。今こそ、県民の英知を集め、県民総参加のもとに、幸せに満ちた新しい時代を拓き寄せるべく、この博覧会で新たな飛躍を試みたい」という期待のもとにジャパンエキスポ制度を活用して開催されたものである。

（二）　博覧会の企画・運営

博覧会を主催したのは富山県と富山県市長会、富山県町村会、富山県商工会議所連合会、富山県商工会連合会であったが、実際の運営は富山ジャパンエキスポ協会があたった。この協会は一九九〇年四月に発足しているが、この協会を発足させるまでには一九八九年六月に経済界を中心にイベント懇話会、同八月に博覧会を考える県民懇談会、一九九〇年三月には富山県博覧会準備委員会をつくり、この協会へと結びつけたことになる。博覧会の会場となった富山県小杉町の太閤山ランドでは一九八三年にも博覧会が開催された。今回の博覧会は同じ太閤山ランドのなかで前回の会場となったところの隣が会場となった。会場の東、南、西側が小高い丘陵に囲まれ、北は池になっている。立山連邦を軸とした山並みと富山湾に面した富山県の地形をそのまま見立てた形になっており、会場内には富山県の豊かな水をあらわして川が流れている。高さ九二メートルのＪＥＴタワーからのながめはことのほかすばらしい。会場の面積は二四ヘクタールと他の博覧会会場と比べて決して広いとは言えないが、富山県の地形をイメージさせ、豊かな緑と水を生かしたユニークなものである。会場内はＪＥＴパビリオンのほか、いきいき広場・展望ゾーン・水辺ゾーン・国際ゾーン・ふるさとゾーンの五つのゾーンに分けられる。三六八の自治体や企業の協力を得て、ＪＥＴパビリオン内の施設が四四、いきいき広場などの屋外が三三、文物出展七、国際出展二七、これらを合わせて一一一の施設がある。このほか飲食などの営業施設も七〇を超えている。これまでの博覧会とはちがってパビリオンを一つにまとめた。この試みは出展パビリオンの外観の奇抜さで入場者数を競うのではなく、博覧会本来の趣旨である展示物の内容を競うことにした。また、雨や風、日差しを避けて快適に観覧できるものとしたのである。JETパビリオンのなかでは「とやまワンダーランド」、「NTT夢空間」、「光の森、電力館」などに人気が集まった。また、JET劇場では（一三〇〇人収容）では「環日本海コンサート」、「国際子ども音楽祭」などが、そしてエキスポ劇場（七〇〇人収容）では県内三五市町村の伝統的な郷土芸能や祭りがくりひろげられる「ふるさと万華鏡」などが開催された。

博覧会の会場内を歩いてみると、一九八九年四月に博覧会の準備にとりかかってから開催にこぎつけるまで、主催者の並々ならぬ苦労と知恵のあとがうかがわれるすばらしい会場であった。大都市の近くならいざ知らず、富山という一地方で博覧会を開催するにはたいへんな苦労をともなうはずである。この博覧会こそ一一〇万富山県民のエネルギーの結果であった。博覧会の運営にあたった富山ジャパンエキスポ協会の組織は図1のとおりである。特別顧問、顧問などには堺屋太一、小川正隆、木村尚三郎など政府や中央の有名人をおき、理事会の名誉会長には原谷敬吾、会長に中沖豊富山県知事らをおいた。事務局は局長のもとに総務部をはじめとする七部を設け、職員六五人で

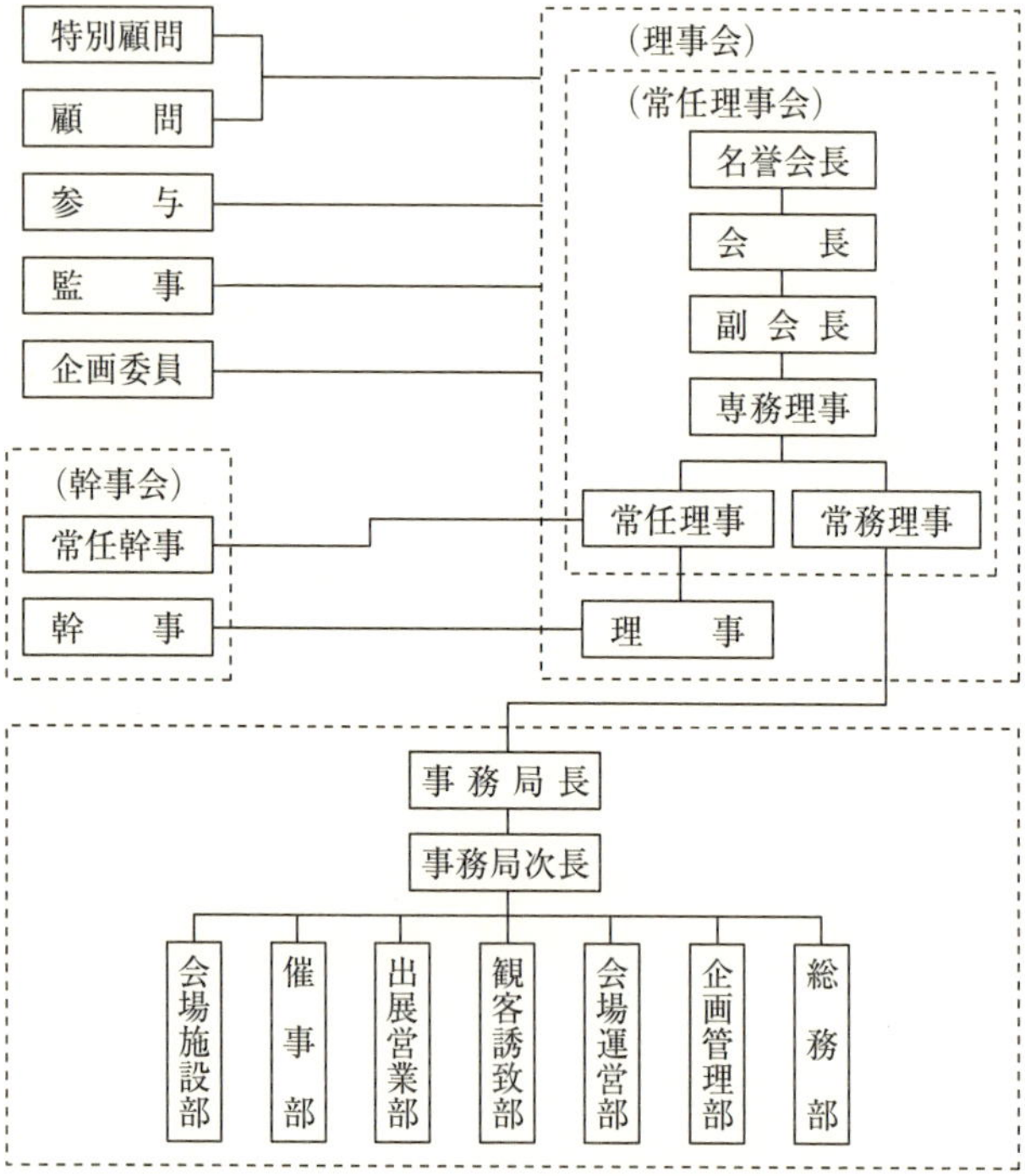

図1　富山ジャパンエキスポ協会の組織
(資料)富山ジャパンエキスポ協会「第1回ジャパンエキスポ富山'92 運営マニュアル」

博覧会の推進にあたった。これらの職員は県、市町村、および企業からの出向者であって、極力費用を節約すると同時に博覧会閉幕後に負担を残さないように配慮した。しかし、実際に運営のノウハウとして総合プロデューサーには北本正孟をおき、運営のためのディレクターとしては三輪正巳（電通）をはじめ七人をおいた。

これまでの博覧会はどちらかと言えば産業博の色彩が濃いものであったが、この博覧会のテーマは「人間――その内と外、富山から世界へ・未来へ」である。人間の心と体、社会と自然、自然と人間などの新しい時代の人間の生き方や地域のあり方を広く世界へ、未来へ提唱することをねらいとした「いのちとくらし」の博覧会であった。「とやまワンダーランド」や「ふるさと万華鏡」「水の国」「星座の回廊」などは富山を再発見し、人間と自然の関係を見直すものである。しかし、全体として、会場内を歩きながらこのテーマに結びつけるストーリーを組み立てるのはなかなか難しかった。また、米づくりにかわる新しい農業としてバイオや北陸新幹線、環日本海交流の拠点づくりなど二一世紀の富山を考えるものが乏しかったのは残念であった。博覧会じたいは非日常的な世界のなかで一人ひとりが驚きと感動を覚え、異質な人や物との交流によって人間として成長すると同時に富山を見直し、富山から世界に情報を発信する機会である。最近、博覧会のあり方が見直されているだけにこの博覧会が成功するか否かは大きな意味をもっていた。

(三) 博覧会の成果と課題

博覧会が成功したかどうかは一概には言えない。つまり、博覧会閉幕後にすぐわかるものと、かなり後にならないとわからないものがあるし、数字であらわしやすいものとあらわしにくいものがあるからである。まず、入場者であるが、当初の目標は一五〇万人であったが最終的には目標を大はばに上回り二三六万人に達した。主な博覧会の入場者数を比較すると表1のとおりである。一日平均入場者数をみると岐阜の「ぎふ中部未来博」が五万五七〇〇人、埼玉の「'八八さいたま博」が三万四八〇〇人と多いのは大都市に近いのだから当然としても、その他の地方の博覧会では富山の第一回ジャパンエキスポの二万九五〇〇人より少ない。当初、博覧会の入場者数を富山県の人口一一二万人×一・一倍＝一二〇万人、日帰り圏内の人口三〇〇万人×〇・一

表1 主な地方博の入場者数

年 次	博覧会	会 期	入場者数	1日平均 入場者数
昭和58年	にっぽん新世紀博（富山）	61日	113万人	18,500人
63年	青函トンネル開通記念博（青森）	72	147	20,400
63年	'88さいたま博（埼玉）	72	251	34,800
63年	ぎふ中部未来博（岐阜）	73	407	55,700
平成元年	'89姫路シロトピア（兵庫）	79	158	20,000
元年	'89グリーンフェアせんだい（宮城）	80	139	17,300
2年	長崎旅博（長崎）	94	189	20,100
3年	第8回全国都市緑化北九州フェア（福岡）	59	135	22,900
4年	三陸・海の博覧会（岩手）	74	200	27,000
4年	第1回ジャパンエキスポ富山'92（富山）	80	236	29,500

（資料）富山ジャパンエキスポ協会

倍＝三〇万人と計算し、目標を一五〇万人とした。ところが、実際には二二三六万人と大幅に増えたのだからなにかこの裏には秘密があるにちがいない。博覧会協会では入場数の県内外の比率を県内六〇パーセント、県外四〇パーセントと見込んでいる。そうすれば、県内の入場者は一四二万人（目標の一一八パーセント、）県外の入場者は九四万人（目標の三一三パーセント）となる。つまり、県外客が予想以上に多かったために博覧会の入場者が当初の予想を大幅に上回ったといえよう。そこでこの県外客を調べると、石川県三八パーセント、福井県二一パーセント、新潟県、岐阜県各八パーセント、愛知県六パーセント、その他一九パーセントであり、富山県のとなりの石川・福井・新潟・岐阜県からの入場者が多かったといえる。最近の景気の低迷で遠出のできない人たちが日帰りのできる富山の博覧会にきたこと、高速道路が全線開通して便利になったことが理由として挙げられよう。七〇〇〇台の駐車場を設けたほか、インターチェンジから会場までの道路も整備した。

一方、県内の入場者も一四二万人と多かったのは博覧会の入場券を各市町村、商工会議所などを通じて各家庭や職場に販売したり、小中高生に学校行事の一環として博覧会に行かせたことなどが挙げられる。ある意味では強制的とも言えるものもあった。しかし、それにもかかわらず、多くの県民が博覧会に行ったのは「県民総参加」という新しい方式であった。今までの博覧会のコンパニオン、アルバイトスタッフといった考え方を一新し、県民全体でつくり、全員で支え、全員が参加するという方式である。ＪＥＴメイトやＪＥＴハーティはまさにボランティアであった。また、Ｊ

ＥＴ劇場では毎日のように全国八ブロックからの「日本列島ふるさとロマン」や富山の三五市町村による「ふるさと万華鏡」で伝統的な郷土芸能が演じられ多くの人びとが集まった。演ずる人も見る人もみな村や町の人たちがお互いに一体になって喜んだ。博覧会の入場者に対して「だれと来ましたか」というアンケート調査をした結果によれば、一〇〇人中六三人が「家族と一緒に来た」と答えたが、そのうち三八人は「子ども連れ」であった。博覧会の入場料は大人が二五〇〇円に対し、子どもは五〇〇円と安かった上に、会場には遊戯施設が多かったからであろう。博覧会の開催期間中何回でも入場できるＪＥＴゴールドカードを利用した人も多かった。いずれにしても郷土芸能のためにお年寄りが集まり、遊戯施設のために子どもが集まって、この博覧会ではお年寄りや子どもが多かったのが特徴である。

もちろん、博覧会の開催期間中に全国知事会議、日本薬剤師学術大会、全国老人福祉施設大会などさまざまな大会が開かれたこと、また、博覧会期間中に表２のように利賀村の世界そば博覧会をはじめさまざまな祭りやイベントが県内で行われたため相乗効果が出たともいえよう。富山ジャパンエキスポ協会では博覧会の基本方針の一つとして「地域ぐるみの連携を進めオール富山エキスポをめざす」ことが挙げられているが、まさにその通りであった。もちろん、博覧会の開催期間中好天に恵まれたこととか、七月一一日と七月二四日～八月三一日は夜九時まで開かれたことなども入場者の多かった理由である。いずれにしても、「県民総参加」という新しい方式を取り入れ、予

表２　博覧会開催期間中の主な祭り・イベント

祭り・イベント	期　間	場　所
サンタマリア号寄港記念イベント	7月9日～12日	新湊市
おわらNight	7月10日～9月27日の毎週金・土	八尾町
佐々成政まつり	7月25日～26日	大山町
マイルドセブンライブアンダーザ・スカイ'92	7月30日	小杉町
福光ねつおくり・七夕まつり	7月21日～26日	福光町
HIMI SUMMER EXPLOSION IN MARINA JET'92 MEMORIAL	8月1日	氷見市
富山まつり	8月1日～5日	富山市
ふるさと古代神まつり	8月1日～2日	滑川市
高岡七夕まつり	8月1日～7日	高岡市
世界そば博覧会	8月7日～9月6日	利賀村
世界演劇祭'92「利賀フェスティバル」	8月7日～22日	利賀村
ホットフィールドLIVE IN KUROBE	8月15日	黒部市
夏休みこども凧フェスティバル	8月18目	大門町
宇奈月温泉夏まつり	8月18日	宇奈月町
海王丸パーク夕涼み第九コンサート	8月22日	新湊市
高岡野外音楽劇「越中万葉夢幻譚」	8月28日～29日	高岡市
おわら踊りの夕べ	8月30日～9月1日	富山市

（資料）富山ジャパンエキスポ協会

表３　博覧会の財政計画

（単位：百万円）

収入の部		支出の部	
科　目	金　額	科　目	科　目
入場料収入	2,050	事務局費	550
参加料収入	1,350	運営費	860
特別協賛事業収入	400	行・催事費	640
販売収入	230	展示・演出費	420
分担金収入	1,700	会場費	2,790
駐車場収入	220	特別協賛事業支出	400
寄附金・交付金収入	700	宣伝誘致費	855
その他収入	150	文物出展計画事業費	185
		予備費	100
合計	6,800	合計	6,800

（資料）富山ジャパンエキスポ協会「第１回ジャパンエキスポ富山'92（見どころ・魅せどころ）」

想をはるかに上回るほど入場者の多かったことはこの博覧会が成功したといえる一つの理由である。

つぎに、博覧会の収支をみよう。第三次の財政計画は表3のように収支とも六八億円としていたが、第四次計画では八億四〇〇〇万円を補正し総額を七六億四〇〇〇万円とした。富山ジャパンエキスポ協会によれば入場者が予想外に多かったので入場料収入が財政計画より一億五〇〇〇万円多い二九億円、駐車場収入も七〇〇〇万円多い三億二〇〇〇万円となったことが寄与し、財政計画中の収支総額は八〇億円前後に達し、年度内にまとまる予定の収支決算では約三億円の黒字となる見通しである。このほか、博覧会場での物販、観光客の増加などによる県内各地での直接・間接の経済的波及効果ははかり知れない[10]。また、富山県のイメージアップ、博覧会で育った人材やノウハウ、県民意識の向上など目に見えない成果を上げたにちがいない。

博覧会の終わった今、考えなければならない課題は多い。まず、この博覧会の会場にはＪＥＴタワーやパビリオン中央館など閉幕後も撤去せずに残すことを前提につくられた施設もある。これらの施設の利用についてはすでにエキスポとやま博記念委員会で検討されているが、県民の文化・スポーツの広場としてながく利用されることを期待したい。また、今後博覧会会場周辺の土地利用が変わり、乱開発と地価高騰を招かないともかぎらないから、土地利用計画をたてなくてはならない。また、博覧会で生み出した約三億円の収益と人材・ノウハウを今後どう活用するかが課題である。この後、富山県では一九九四年に高校総体、一九九六年には国民文化祭、そして二〇〇〇年には国民体育大会と大きなイベントが続いたが、この博覧会の成果をこうしたイベントに生かしたい。

(四)　博覧会の成功とコミュニティ

博覧会で予想を上回る二三六万人という大幅な入場者があり、その結果として約三億円の黒字であったことは大きな成功であったと言ってよかろう。富山県の人口は一一〇万人だから、まさに小さな県の大きな挑戦であったが、それが成功した背景はどこにあったのだろうか。

①　富山の風土と県民性

雪国に育った人は我慢強く、勤倹力行型が多いといわれる。富山県には一代で巨財を築いた金融王の安田善次郎をはじめ、セメント王の浅野総一郎、ホテル王の大谷米次郎、世界のＹＫＫの吉田忠雄など実業界で名を成した人は数多い。[11] 富山では三〇〇〇メートル級の山々から深い谷をきざんで日本海にそそぐ七つの河川はいずれも水量が豊かで急流のためしばしば氾濫した。かってデレーケが常願寺川をみて「これは川ではなく滝だ」と言ったというがまさにその通りである。水害に悩まされ、冬になると雪害に悩まされた富山県民は江戸時代から売薬や北洋漁業に取り組み、毎年何か月もの間、積極的に外に出向いたのである。「雪に備え、水とたたかい、他国に出向いて、生活を豊かにしようとする富山県民性が日本資本主義の発達とともに浅野総一郎、安田善次郎のような財閥創始者を生んだのである。忍耐づよく工夫してはたらく実業家がどしどし出てくるのに、富山の風土はまことに適した条件をそなえていた」[12]。越中売薬の進取の気性と「先用後利」の実利性、故郷を後にして昼夜を分かたず働き続ける勤勉さ、どれをとっても他県人にはないきわだった特質である。[13] こうして外に出る富山県人もたえずふるさとのことを思うのが常である。彼らは県人会をつくり、互いに強い結びつきでまとまる。県人全体の結合がもっとも強いと考えられるのが富山のほか新潟・石川・福井県である。[14]

②　ムラとムラ意識

こうした忍耐強く、実利を重んずる進取の気性をもった富山県民性もきびしい風土のもとでできあがった生産と生活のしくみによるところが大きい。

富山県はふるくから農業県であって米づくりを主とする。米づくりには共同作業を必要とする。今でこそ兼業農業が増えて共同作業は少なくなったが、かつてはほとんどムラびとたちの共同作業で米づくりは成り立っていたのである。兼業化が進んで労働力不足になるにつれ機械化が進んだが、今では過剰投資の傾向すらみられる。兼業農家が安心して農外部門に働きに出られ、しかも過剰投資にならないために富山県では早くから集落ぐるみで米づくりに取り組んできた。米の過剰問題にともなう水稲の作付け制限、集団的な転作対応、米価の実質的な引下げなども加わって、農業経営は圧迫され、一戸一戸の個別完結型農業では存続が困難になって、集落あるいは地域ぐるみの集団的生産体制によって農業の振興を図らざるを得なくなったのである。[15] こうした集落ぐるみの取り組みができるのも、米づくりとそれにともなう水利用の仕組みがあったからにほかならない。それだからこそ、富山県が全国一の圃場整備率でもある。

米づくりのムラでは祭りがさかんである。田の神を迎えて豊作を祈願した夜高祭り（福野町）、同じく、たてもん祭り（魚津市）などのほか、高岡の御車山祭り、石動・伏木・城端の曳き山、各地の地蔵祭り、虫送りなど、八尾のおわら風の盆などである。[16]「人びとは現在に生きる自分が共通感情を持とうとするばかりでなく、過去をしのび同時にまた将来に向かって、そういうものをのこそうとする意欲をつよく持っていた。そこに祭りの意義があった。つまり、祭りには一種の永続性があるのである。祭りの興廃は、同時に住民の興廃を意味するものであると言ってよい」[17]。

また富山では冬になると雪が降り、時として大きな被害をもたらすことがある。今では幹線道路はブルドーザーで除排雪が行われるのでかつてのような苦労はないが、それでも集落内の生活道路の除排雪は地域ぐるみで取り組まざるを得ない。一九八一年には大きな雪害をみたが、都市化が進んでコミュニティが崩壊したところほど被害が大きかった[18]。それだけに、地域ぐるみの除排雪へのとり組みが今日もっとも欠かせないことである[19]。

富山県ではこうした生産と生活にかかわる住民の組織は部落会、総代会、区長会、町内会のような自治組織がふるくから形成されており、「県内市町村の自治会連合会相互の連絡協調を図り、併せて公正な県政の運営に協力し、県民の福祉増進と自治活動の健全な発展を図ることを目的」（富山県自治会連合会会則第一条）として富山県自治会連合会がある。一九九二年度の事業として、コミュニティ活動を広く展開するため、理事研修および都市単位で指導者養成のための研修講座の企画等を積極的に働きかける、などが挙げられている。こうした自治組織では必要経費をどのようにして徴収するかが問題となる。町でも農村でも、地域生活の向上のために、自治組織がつくられており、自治組織は、通常、決議機関として総会が置かれ、規約や代表者などの人事、経費負担などの重要事項が決められる。農村においても、その村の必要経費は、互いに村の住民が出し合い、それで村の運営が行われる。この経費のことを富山県の農村では古くから「万雑」と呼ぶ習わしがある。一般的に万雑は、村が人間関係の融和、土地の利用保全、作物の生産などを円滑に遂行するために徴収される。徴収の仕方は村の実情によって異なり一概には言えないが、人間関係の融和に関する費用は戸数割り、土地の利用保全に関しては所有反別割りあるいは宅地割り、さらに作物に関しては耕作反別割りで徴収されることが多い。最近では農村も都市化して住民の意識や行動も変化し、万雑割りについて利害関係の調整が難しくなってきたのも事実であるが、村の円滑な運営を図るためには住民の協力が欠かせない。立場が異なるとしても一人ひとりが運営に積極的に参加し、話し合いのなかから民主的に問題を解決していくことが、なによりも大切になってきた。

③　総合計画と地域活性化政策

富山県では一九五二年三月に全国に先駆けて計画的な県政の運営と県民生活の向上安定を図るため、第一次富山県総合開発計画が策定された。全七巻、総頁数三八八九頁にのぼる膨大なものであった。当時はまだ戦後の復興期であり、今後いかにして発展していくべきか模索していた時期であり、その時期にこのような総合計画を策定したことは注目すべきことである。この第一次総合開発計画は水力発電による重化学工業化を開発戦略としたものである。次いで富山県勢総合計画（第二次計画）では富山新港を中心として大規模臨海工業地帯の造成による地域格差の是正を目ざし、第三次富山県勢総合計画（第三次計画）では望ましい富山県民像・精神開発を提唱し、住みよい県土を模索した。第四次富山県勢総合計画（第四次計画）では高度経済成長の歪みを先見し低成長のビジョンを探った。住みよい富山県をつくる総合計画（第五次計画）では日本経済の転換期への対処方針を明示し、公害対策、土地利用計画などによる住みよさを追求した。富山県民総合計画（第六次計画）では置県一〇〇年と二一世紀目前の歴史的節目にあたり、頭脳立県、技術立県と三つの日本一（日本一の健康・スポーツ県、日本一の科学・文化県、日本一の花と緑の県）による県勢体質改善とイメージチェンジ、そして新富山県民総合計画（第七次計画）では引き続き三つの日本一へ挑戦するとともに、しあわせに生きる富山の創造を基本目標として生活立県、国際立県、人材立県を目ざした。第一次計画から第七次計画に至るまでに二回の修正計画を策定しているので合わせて九回、総合計画を策定したことになる。これらはいずれもその時代の世界と日本の政治・経済・社会の変化に対応して策定されたものである。まさに「富山県は総合計画の先駆者である[20]」といってよい。

総合計画をふり返ってみると、第六次総合計画からは県民の、県民のための、県民による計画を基本理念とし、その名称もそれまでの「富山県総合計画」から「富山県民総合計画」にあらためられた。この計画から県民参加による計画に取り組み、世論調査、アンケート、住民懇談会、県民フォーラムなどあらゆる手段を用いて計画を策定した。

こうして総合計画を策定する過程で問題とされたのは県民意識と産業構造の改革であった。富山県の方言には「みあらくもん」という方言があるが、これは「道楽もん」「遊び人」「極楽とんぼ」というほどの意味である。まめに働き、堅実に暮らすことを美徳とする人たちからすれば、生活の糧にもならぬ「あだごと」にうき身をやつし、物見遊山にふけるのはろくでもない人間のすることであり、「みあらくもん」ということになる。富山県では農業や工業の発達に比べて観光とかイベントにはもともと関心が少なかった。富山県には立山登山のために県外からくる人は多かったが、となりの石川県に比べると観光客はあまりにも少なかった。もちろん石川県に比べると富山県には観光資源が少なかったかもしれないが、むしろ観光客を呼ぼうとする気迫に欠けてたといえよう。事実、富山県も豊かな自然とおいしい魚など海の幸、山の幸に恵まれ、どの町や村にもすばらしい祭りがある。富山県は一九八三年から「いい人いい味いきいき富山」をキャッチフレーズに観光キャンペーンを全国に展開し、富山県のイメージアップと観光客の増大に力を入れてきた。さらに一九八五年からは冬のキャンペーンを展開し、一九八七年からは、いきいき富山冬の旅として「日本海なべ祭り」を実施してきた。その結果、一九八三年当時の観光客は年間一四三八万人であったのが、一九八七年には一八八二万人と過去最高を記録した。

さらに、富山県ではコロンブスの未知への果敢な挑戦にあやかり「富山県コロンブス計画」を一九八八年から積極的に展開してきた。富山県には立山連峰や富山湾などの豊かな自然とホタルイカ、ブリなどの「きときと（新鮮でいきのよい）」の魚、富山米などのおいしい食べ物、八尾のおわら風の盆や五箇山のこきりこ節などの伝統的な芸能が育つ風土といった優れた舞台をもっている。イベントにはいくら優れた舞台があっても優れたシナリオと舞台の上で演技する役者がいなくてはならない。富山県はそのイベントを県民を主役とした「県民参加型イベント」であるとし、これを地域づくりの重要な戦略の一つとした。そのため、シンポジウムやティーチインの開催、イベントシナリオの募集、さらにはコロンブス遠征隊の他府県への派遣などによって、県民自らが自分たちの住む地域を考え、住みたい県をつくるために地域の活性化や富山県の顔づくりにつとめてきた。

このような県民一体となった取り組みが今回の博覧会の成功につながったといえよう。

④　県知事の政治力と保守王国

保守王国といわれる富山県の政界を代表するのが富山県知事の中沖豊である。自治省出身の中沖が知事として登場したのは一九八〇年一一月の第一一回知事選で選ばれてからである。それ以来、三期一二年にわたって県政のかじとり役をしてきた。実力、知名度抜群の現職知事は圧倒的な力を発揮して選挙の度ごとに得票数を伸ばした。おおかたの富山県民の信頼を得ている証拠である。共同通信社が毎年実施している住民による「知事に関する評価」でも知名度、知顔度、政府・国会議員との関係、県議会との関係、地元の発展に寄与、親近感、信頼感、支持率の八項目の総合評価は一九八八年、一九八九年とも全国第一位であった。

知事の人事権が及ぶ知事部局の職員は約五二〇〇人であるが、そのトップの座にあるのが中沖知事である。その県人事において、副知事をはじめ幹部のポストに中央省庁から多くの官僚を受け入れている。自治労の「天下り官僚調査」によれば一九九二年には二三人であり、東京都の三六人、新潟県の二六人に次いで第三位である。一九九〇年には第一位、一九九一年には第二位であった。その一方で県内の市町村長ないし助役のポストに県庁職員がいる。県内三五市町村のうち、一二市町村が県庁出身者を助役に迎えている。(21) 高度複雑化する県政の重要課題や試験研究部門における先端技術に対応するために中央省庁との人事交流が必要だといわれるが、県と市町村の関係もほぼ同じである。市町村が県とのパイプで事業や補助金を期待する姿勢は変わりがない。

博覧会を開催するにあたっても中沖知事の政治力がフルに生かされ、中央と市町村とのパイプが使われ、県民総参加の博覧会となった。もちろん、知事の力は県内外の企業にも及び、博覧会のパビリオンに出展する企業が集まったといえよう。企業にとっては出展費用を考えると博覧会に協力することじたいには、それほど積極的ではないからである。


「人間――その内と外、富山から世界へ・未来へ」をテーマに開催された第一回ジャパンエキスポ'九二（エキスポとやま博）が一九九二年九月二七日に八〇日間の会期を終え閉幕した。入場者数は県人口の二倍にあたる二三六万人に達し、目標の一五〇万人をはるかに超えた。観客動員で成功したほか、財政面でも約三億円をはじき出し、通産省は「地方博のモデルとなった」と評価した。

博覧会が成功した理由としてはいろいろ考えられようが、もっとも大きな理由は「県民総参加」という博覧会運営の新機軸を採用したことである。もちろん、会場の設営として自然を生かした会場づくりとか、統一パビリオン等も挙げられよう。しかし、なんといっても県民総参加を訴え、県民意識を盛り上げたことであろう。大都市に近いところで博覧会を開催する場合は別として、地方で開催するのはなかなか難しい。まず、どうやって観客を多く集めるかが最大の難問である。

エキスポとやま博で採用した県民総参加の方式は見事に成功した。大都市周辺ではすでに崩れてしまっているムラ意識（ふるさと意識）に刺激を与え、コミュニティをうまく活用したのがこの博覧会であった。「ふるさと万華鏡」と名付けた市町村の日を設け、県内三五市町村の郷土芸能を演じたり、小中学校の子どもたちを参加させたり、まさに県民総参加の博覧会であった。また、ＪＥＴメイトとかＪＥＴハーティといったボランティアを県民から募集し博覧会を支えた。博覧会の主催者が中央と地方のかけ橋となって両者をうまく結びつけ、県民のふるさと意識をふるいたたせたのである。

しかし、博覧会はあくまで目的ではなく、何かの手段である。博覧会で蓄積したノウハウと人材、そして収益を今後の富山県の発展に役立てなくてはならない。また、会場周辺の地価高騰と乱開発を抑制するためにも土地利用計画を早急に立てなくてはならない。一方、富山の博覧会が成功したからといっても地方はどこでも成功するとはかぎらない。やはり、その地域の特性をふまえ、どうやって県民意識を高揚させるかが一番大きな課題であろう。

（中藤康俊「博覧会とコミュニティ――エキスポとやま博を事例として」『富山大学日本海経済研究所研究年報』二〇号、一九九四年）

注

（1）松平　誠『祭の文化』有斐閣、一九八三年、一頁
（2）野尻　博『ひと・まち・まつり』評言社、二〇〇二年
（3）井上　俊編『地域文化の社会学』世界思想社、一九八四年、六〇頁
（4）小松和彦『祭りとイベント』小学館、一九九七年、三八頁
（5）坪井義明・長谷川岳『YOSAKOIソーラン祭り』岩波書店、二〇〇二年、一八三頁
（6）菅田正昭『日本の祭り』実業之日本社、二〇〇七年、二二三頁
（7）樺山紘一・奥田道大『都市の文化』有斐閣、一九九四年、二七六頁
（8）博覧会を取り上げたものとしては通産省編『イベントが日本を変える』（通商産業調査会、一九八七年）、平野繁臣・暁臣『イベント富国論』（東急エージェンシー出版事業部、一九八七年）、糸川精一『地域活性化入門』（日本機関誌出版センター、一九八六年）などがあるが、これらは、博覧会の効果について述べたものである。日本計画行政学会中部支部の一九九〇年度研究研修集会（一九九〇年七月二四日）でも岐阜未来博や世界デザイン博

などの効果と地域への影響について取り上げたことがある。北陸産業活性化センターの報告書では博覧会の効果の分析だけでなく成功のための条件も明らかにしているが、その一つとして地域団体の組織化として「イベントを支え、地域革新の担い手となる各種の地域団体の役割も重要である。青年、婦人、社会教育、スポーツ、文化など様々な団体や町内会、自治会など多様な地域団体は、市町村と連携して組織づくりを進め、地域リーダーの指導の下に様々な地域イベントを展開し、地域の連帯感の醸成とコミュニティ形成を図るとともに地域のイベント関連産業育成の一翼を担うことが重要である」（北陸産業活性化センター「能登地域振興計画策定調査報告書」平成三年、六〇頁）と述べている。

(9) 富山県「新富山県民総合計画」一九九一年、三四頁

(10) 北陸経済研究所の調査では一〇〇〇億円を超える経済的波及効果が生まれるという（北陸経済研究、No.167、一八頁）。

(11) 富山新聞社編『越中の群像』桂書房、昭和五九年

(12) 山本儀一『立山を仰いで—ふるさとの先賢—』第一集、富山県教育記念館、昭和五六年、一七六頁

(13) 河出書房新社編集部編『県別日本人気質』河出書房新社、一一八頁

(14) 祖父江孝男『県民性』中公新書、昭和四六年、一七頁

(15) 向井三雄、矢尾板日出臣、小林哲郎編著『現代のコメ問題』農林統計協会、平成四年

(16) 伊藤曙覧『とやまの民族芸能』北日本新聞社、昭和五二年

(17) 宮本常一『都市の祭と民俗』慶友社、昭和三六年、一四頁

(18) 中藤康俊「北陸の豪雪とその対策」地理、第二六巻第七号、一一四頁

(19) 富山県総合雪対策研究会議「総合雪対策に関する報告書」昭和五八年、八八〜九四頁　富山県「新富山県総合雪対策計画」平成三年、五八頁

(20) 富山学研究グループ『富山県総合計画の系譜』富山県、平成二年

(21) 北日本新聞、平成四年一〇月二一日

第五章　文化政策とまちづくり

一．美術館

（一）美術館の二つのタイプ

「美術館」とは何らかの目的で美的価値を持つものを収集、保存して一般の人びとの鑑賞のために展示することを目的にした施設である。また、美術館は同時に都市機能の一部でもある。美術館は図書館や劇場、音楽ホールなどと並んで公共の文化施設の一部をなしているに過ぎないが、その重要性は近年特に認識されているからである。近年、映画館や劇場の入場者数が減少しているのに対し、美術館の入館者数は増加傾向にあることをみても明らかである。

日本における美術館は公立と私立の施設では一九六〇年代後半から設置されたものが多いことはわが国経済の高度成長と無関係ではない。私立の美術館が少ない地域でも公立の美術館があるというのは地方自治体が美術館の重要性を認識し、都市機能の一部と位置づけているからであろう。

富永茂樹は美術館を二つのタイプに分けている。そのひとつは山梨県立美術館のようにかなり巨額のカネを投資して収集、展示するタイプである。この場合、収蔵品と地域の文化とは何ら関係がない。もうひとつは福井県立美術館のように郷土の先達、岡倉天心の精神につながるような美術品を購入して展示するものである。ここでは、美術品は地域と何らかの関わりを持つものと認識されている。彼は前者を普遍主義的なもの、後者を個別主義的なものとして区別している(1)。

二〇〇四年にオープンした金沢市の「金沢二一世紀美術館」は新しい文化の創造と新たなまちの賑わいを目的に美術館部門と芸術交流部門からなる参画交流型の美術館である。この美術館は次の四つの役割を果たすことを目的としている。

① 世界の同時代の美術表現に市民とともに立ち会う場としての役割。
② 教育、創造、コミュニケーションの場など新たな「まちの広場」としての役割。
③ 「金沢」の文化が、多角化する今後にどのような可能性を持つのか、問いかける実験の場としての役割。
④ 子どもたちに「見て」「触れて」「体験できる」最適な環境を提供する役割。

この美術館はこのように単に芸術鑑賞の場にとどまらず、地域の教育の拠点をめざしたものである。普段、なかなか美術館に足を運ばないと言われる一〇代後半以降の若者が対象である。大人と子どもの狭間にあって進路、家族、友人関係など様々な悩みを抱えている世代である。館内では子どもたちが自由自在に歩きまわり、作品に直接触れることができる。外観はガラス張りで常に外からも見えるので安心感を与える。明るくて気軽に入れると評判である。開館半年で入館者は七〇万人を超え、予想外の成果であった。

金沢市議会事務局『平成二一年度「金沢の市政」』(二〇〇九年八月)によれば、二〇〇五年度の入館者は一三五万人、二〇〇六年度は一三三万人、二〇〇七年度は一三三万人、二〇〇八年度は一五七万人であった。美術館のオープンで周辺に活気が戻り、「『経済効果は五〇億円はあるのでは』。シャッターの下りた商店街に賑わいを取り戻す。街の活性化がもう一つの目標だ」[2]という。

(二)　城下町・金沢の魅力

加賀百万石の城下町・金沢はだれもが美しい町だという。金沢の町を歩いていると不思議な魅力を感じる。白山から連なる山々を背景として金沢にはいくつかの丘陵があり、その丘陵の間を犀川と浅野川の二本の川が流れている。室生犀星がこよなく愛したという犀川は日本海へ、もう一つの浅野川は河北潟に注いだあと日本海に流れている。これら二つの川の下流に広大な金沢平野が広がっている。金沢はこの金沢平野と山麓丘陵地と二本の川がつくり出す自然の美を取り込んで独特の文化と伝統を育んできた。

一般に都市は自然を征服することによって形成されたといわれるが、金沢の町は自然を征服するのではなく、むしろ自然をうまく利用して調和をはかってきたことに注目したい。日本中の都市がスプロール化し、どこへ行っても個性のない非文化的な都市が多いなかで、金沢の町は個性があり、不思議な魅力を感じる理由の一つがここにあるといえよう。

犀川と浅野川の二つの川に沿って発達した加賀百万石の城下町・金沢は卯辰山・小立野・野田山という三つの丘をもつ。卯辰山には金沢が生んだ有名な文学作家、泉鏡花や徳田秋声の文学碑などがあり、その麓には東の廓、寺院、老舗の多い商店街があって落ち着いた雰囲気をかもし出している。小立野には金沢城跡や兼六園、寺院などがあり、香林坊や片町にも近く観光の中心となっている。野田山の麓につづく寺町台地には妙立寺（別名忍者寺）をはじめとする数多くの寺院が集まっている。

一般に藩政期の城下町の構造は城郭を中心として広範囲な武家の居住地がこれをとりまいているが、金沢も一五八三年に前田利家が入城してからわが国の代表的な近世都市として整備された。城下町・金沢は多数の家臣団の居住地を必要とし、またこれらの消費人口を支える商工業者を領外から招いて町人居住地とした。その一方で、城下に散在していた寺院を集めて東山寺院群と寺町寺院群をつくった。金沢は藩政期に成立した近世都市のなかでは最大の禄高（一二〇万石）をもつ城下町であった。幕藩体制崩壊直後の明治初年には江戸、大阪、京都に次いで四番目の人口を誇ったというから、その賑わいぶりは相当なものであったであろう。百万石の城下町・金沢を代表する金沢城はこじんまりとしていて全国的にみると、一五万石並みの城だといわれるが、外様大名であったため幕府に遠慮したように思われる。しかし、その陰で前田利家はきらびやかな京都文化に思いを馳せ、茶道、華道、謡曲を愛好し、京都から工人を招き優美な美術工芸品を作り上げた。

金沢漆器は加賀蒔絵と呼ばれる高度で繊細な技法に特徴があり、職人たちのオリジナリティが凝縮されている。貴族文化の優雅さに加えて武家文化の力強さで独自の美しさをあらわす。和菓子は金沢に暮らす人びとにとって今も時候の挨拶には欠かせないものである。金沢には和菓子が多く、季節を体現する銘菓が人気を集めている。なかでも、三八〇年の歴史があり、かつて藩にも納めたという和菓子の「森八」はその伝統の技と味を継承し、市民はもとより、観光客にも親しまれている。日本海の魚介や加賀野菜などの食材に恵まれ、加賀料理に象徴される独自の食文化が育まれ、茶の湯が盛んであったことから多くの銘菓も生まれた。加賀友禅、加賀絵巻、九谷焼、金沢漆器、和菓子などいずれも伝統産業としていまも残っている。

金沢一の繁華街である片町から通りを一本隔てたところにある長町界隈には土塀に囲まれた閑静な武家屋敷がいまも残っている。この界隈には、前田利家が金沢城の防備のために複雑に造ったといわれる曲がりくねった道が続く。また、金沢には犀川や浅野川から引いた用水が市内を網の目のように流れているが、この武家屋敷にも鞍月用水と大野庄用水の二本の用水があり、藩政時代からの生活や歴史を思わせる。これらの用水は昔から農業用水として、また軍事、消防などの目的などさまざまな役割を果たしてきた。とくに大野庄用水では精米・製粉のために水車があったし、一般庶民には洗濯の場にもなったという。いずれにしても用水は城下における主な家臣・武家居住地域、寺院などを結びながら城を守り取り囲んでいる。一方、池田町界隈は下級武士の居住地で武家屋敷が土塀をめぐらせているのに対して、土塀は許されず、スギやムクゲなどの生垣で宅地を囲った。このような居住区は都心から離れていて都心繁華街に見られるような景観変化をまぬがれて、現在でも特色のある街並みを保っている。

尾張町は尾張からの移住者によって形成された町であり、藩政期には城下の主要な経済活動が営なまれていた。北陸街道沿いの町であって、とくに旧上・下新町筋は古く、間口の大きい町家が今も見られる。藩政時代から明治・大正初期までは尾張町と橋場町一帯が金沢の繁華街であったが、大正末期には片町・香林坊が金沢一の繁華街となった。県庁・市役所・軍隊・四高などが近くにあったためである。竪町が商店街として賑い、家屋の多くが改造されているのに対し、これに隣接する大工町は都心に位置しているにもかかわらず、古い家並みが続いているのはいかにも金沢らしい。武蔵ヶ辻の近江町市場はかって近江商人の住んでいた町であるが、現在も多くの店が並び市民の台所として、また最近では観光地としても賑わっている。現在では片町から香林坊、武蔵ヶ辻の間が金沢の繁華街、商店街の中心地であるが、この界隈にはかつて明治・大正・昭和初期の建築物が多く残されていた。近年、建築物の新・改築が行われ、ホテルや業務用ビルの林立するビジネス街に変わりつつある。

　卯辰山山麓の旧観音町は浅野川の外に位置し、豊かな自然環境を背景とした閑静な町屋のたたずまいを見せている。また、旧愛宕町は一八二〇年に金沢町奉行が娼家を集めて遊郭としたところで、今なお古い家並みが集中的に残り旧状をよくとどめている。伝統的建造物群保存地区に指定されているひがし茶屋街をはじめとして金沢には美しい街並みが残されている。ひがしのほか主計町、にしの茶屋街にも美しい街並みが残されている。同じように、浅野川沿いの浅野川大橋から下流には味のある街並みが川岸に沿って残っている。あまり大きくない家がほとんど間口をそろえて隙間もなく並んでいる。

　市内には小規模な食料品、金属、出版、印刷、衣服などの都市型工業が立地している。そして、住宅はこれら商店や工場と混在しているといってよい。ただ、一九六八年に騒音規制法が施行されると、翌六九年には市内北部の福久地内に箔団地が形成され、金箔業者がここに移転した。また、一九六八年には犀川河口の専光寺浜に加賀友禅団地ができると、これまで犀川や浅野川の流水を利用してきた染色業者が移った。また、一九六一年には市内の卸売業が協同組合を形成して、駅西地区に問屋団地をつくって移転した。同じく、一九六六年には駅西地区の西念町に中央卸売市場もでき、武蔵にあった住吉市場の青果一二社と近江市場の水産一二社が移転した。これらはいずれも金沢バイパス、北陸自動車道、金沢港に近くて便利だという利点に加えて、市内で業務拡張が難しいという事情があったからである。このほか北陸自動車道と国道八号線に近い金沢西・東インターチェンジ周辺にはトラックターミナル、運輸関係事業所が立地している。

最近、都心には高層マンションが、周辺にはアパートや建売住宅などがみられるようになり、市街地周辺、とくに金沢市に隣接する野々市町につづく市の南西部ではスプロール化が著しい。県営の住宅団地が一九五五年に円光寺に、五七年に上荒屋、六三年に額と大規模なものが市街地から離れたところで建設されると、一九五〇年代後半以降民間の住宅建設も進んだ。

(三) 湯布院のまちづくり

全国的にまちづくりにアートをとりいれている町も少なくない。その一つが大分県の湯布院である。一九六〇年代なかば、高度経済成長に入ると、低迷していたこの町にも開発の波が押し寄せてきた。住民達は開発型のリゾート地を目指すのではなく、豊かな自然や文化を生かしたまちづくりを目指し、開発に強く反対した。二十数年が経過した今、湯布院には年間四〇〇万人もの観光客が押し寄せる町になった。町の中には美術館やギャラリーが三〇か所もあり、映画祭や音楽祭も開かれ、まさに芸術文化の町である。一九七〇年代後半、「湯布院空想の森美術館」の館長が開いた「由布画廊」に若いアーチストたちが集まった。その若者たちが核となって、やがて湯布院は「アートの町」として知られるようになった。

大分県は九州の東北部にあり、瀬戸内海に面して気候温暖なところである。豊後の国守であった大友宗麟の時代には西洋文化を取り入れ、大いに栄えた。豊臣秀吉に滅ぼされてからは現在の県域に小藩が一二もあった。また、同じ大分県であっても山を一つ隔てれば気質が違うといわれる。こうした風土・歴史的な背景は県民性にも大きな影響を与えたようである。大分県の平松知事がすすめた「一村一品運動」はこうした県民性を十分理解したうえで逆にこれをうまく活用したともいえよう。平松知事は一九七五年に副知事に就任してから大山町、湯布院町など県内をくまなく回り、農家の人たちを説いて回ったという。ただ、平松知事の産業政策は「地域」を生産の拠点とするだけで、「地域」の経済的循環と自立を問題としたのではない。

大分県湯布院は山に囲まれた小さな盆地の町である。由布院駅に降りると正面に由布岳が見える。二〇〇〇年の人口はわずか一・一万人の小さな田舎町であった。温泉の湧出量は多いが、名所旧跡もない普通の田舎町である。そこに、今では年間の観光客は四〇〇万人、宿泊客は九五万人が訪れる。不思議な町と言わざるをえない。戦後六〇年間に及ぶ町づくりの歩みの中にその秘密があるのではなかろうか。

戦後、この町は大きな二つの問題に直面した。その一つは、戦後の電源開発に応え、湯布院盆地をつぶしてダムをつくる計画、もう一つは自衛隊を誘致する計画であった。町民一人ひとりが真剣に考える契機となった。その結果、前者のダム建設計画に反対することになった。さらに、昭和三〇年代の半ばには、猪の瀬戸湿原にゴルフ場を作る計画が持ち上がった。そこで、町民の間に貴重な植物が生息している湿原を守ろうという自然保護運動が起こり、「由布院の自然を守る会」が結成され、後に「明日の由布院を考える会」となった。

一九五九年には「国民保養温泉地」の指定を受けた。このとき、町民の間では「小さな別府にするな」という声が起こり、「湯布院らしいまちづくり」を目指すことになった。観光地としてのまちではなく、由布院という地域そのものをよくすることである。「田園と湯けむりのまち」である。一九九〇年には「潤いのある町づくり条例」を制定し、住民と行政が一体となったまちづくり運動を展開した。

湯布院町役場が観光動向調査を始めたのは一九六二年のことである。当時、観光客は年間三八万人であったが、一九七〇年には一〇〇万人を超えた。その時の宿泊客は三〇万人で、多くが日帰りの観光客であった。ところが、一九八一年の観光客は二〇〇万人、宿泊客四五万人、八七年には観光客三〇〇万人、宿泊客六八万人と増加し、二〇〇二年には観光客四〇〇万人、宿泊客九五万人と四〇年間に約一〇倍にも増加したことになる。まさに「奇跡」としか言いようがない。大型のテーマパークがあるわけでもないし、行政や企業によって大きなイベントが開催されたわけでもない。

観光客の動向が団体旅行から個人旅行に変わり、女性観光客が増加するという新しい時代の流れを湯布院はつかみ、「湯布院らしいスタイル」を作りだしたからである。由布岳と豊かな山々に囲まれて湯布院のまちは町じゅうが温泉で、町全体が露天風呂のような町にした。駅に降りると、プラットホームには足湯があり、外に出ると正面には由布岳が見え、道の両側には小さな店が並んでいる。町のあちらこちらに美術館がある。町民自身が生活に根ざした個性的で、魅力的な生活型の観光地をつくることに努力している。毎年、「湯布院映画祭」や「ゆふいん音楽祭」「牛喰い絶叫大会」などを開催している。

こうした町民のまちづくりが年間四〇〇万人といわれる観光客が訪れるような湯布院にしたといえよう。しかし、二〇〇五年の町長リコール選挙では合併推進派の町長が当選し、二〇〇七年には狭間、庄内、湯布院の三町が合併し、由布市が誕生した。従来、湯布院の人たちがつくってきた「単位」とは異なる「行政単位」ができ、今後のまちづくりの問題となってきた。

(四)　手塚治虫記念館

手塚治虫は五歳から二四歳までの多感な青春時代を兵庫県の宝塚で過ごした。彼は戦後日本の史上最大の「ストーリーマンガ」パイオニアとして、また「テレビアニメーション」の創始者でもある。彼のマンガ『鉄腕アトム』は子どもたちに夢と感動を与えた。宝塚市立手塚治虫記念館はまちづくりの一環として建てられたものであり、「自然への愛と生命の尊さ」を基本テーマに未来を担う青少年に夢と希望を与える施設として、一九九四年に開館された。手塚治虫は数多くある作品のなかで、「人間性とは何か」というメッセージを発信し、時代の変化と共に失われていく人間性、日本人としての姿、本来の人間の姿を問いかけている。

筆者が富山大学に勤務していた頃、富山県高岡市出身の藤子不二雄の『ドラえもん』や『忍者ハットリくん』『オバケのQ太郎』などをよく読んだ。この二人もまたマンガ家として有名である。二人の記念館が建てられることを期待したい。

二．景観と街並み

わが国の都市は、一九六〇年代の高度経済成長期以来、重化学工業化を目指して急速に開発されたためどこの都市も同じような特色のない画一的な景観を呈するようになった。東京をはじめ全国の都市の中心部は中高層ビルが無秩序に林立しており、郊外のロードサイドは均質化された街となり、独自の表情を失った。都市も農村も景観は損なわれてしまった。現在、都市の再生は急務の課題となっている。都市の再生にあたっては景観だけでなく、その都市の歴史や自然的な景観の喪失も大きな問題である。大西国太郎は「この景観の画一化の状況を超えてそれぞれの都市にふさわしい個性を生み出すことが求められており、これが現代都市の大きな課題になっている」(3)とさえ述べている。われわれは個性的で魅力的な都市をつくり、だれもが長く住みたいと思うような都市に再生しなくてはならない。

政府は一九六六年に古都保存法を制定し、京都市、奈良市、鎌倉市などの歴史的景観を宅地開発から守ることを目指してきた。これまでに一〇都市を指定し、土地利用などを制限している。城下町の金沢市をはじめ山口県萩市、天領であった岡山県食敷市などは歴史的風土の保存に取り組んでいることで全国的にも有名である。これらの都市以外でも、景観法や都市計画法を活用しながら歴史的風土の保存・活用を基本とした「まちづくり」が進められている。

今日、電線の地中化や歩道の石畳化はふるい街並みの残る全国各地で行われるようになったが、名古屋市の有松地区でも旧東海道の面影をまちづくりに活かそうとしている。道幅が約六メートルしかなく、クルマがすれ違うのも容易でなかった。このため、住民や観光客からは危険な上、電柱や電線で景観が台無しだという声が出ていた。こうした声に住民や商工業者たちは「有松東海道無電柱化の会」を二〇〇六年に結成し、二〇〇八年一〇月に着工にこぎつけた。当初、工事の影響を受ける約三五〇軒のなかには一方通行になると、生活に不便であるなどの反対意見もあったが、同会では住民集会を何回も開いたり、町民の協力も得て、反対する人の家を訪ねて説明し、工事にこぎつけた。

愛知県知多半島の半田市は海運に恵まれ、古くから酒造りが盛んである。有名な銘酒「国盛」、日本を代表する酢のメーカーである「ミツカン」などのほか運河から一本入った通りには醸造と海運で財をなした豪商の住宅が今も残っている。運河沿いには江戸時代から続く黒く塗られた板壁の蔵がいまも残る。レンガ造りの建物として日本有数の規模を誇るカブトビール工場跡、江戸末期から明治の豪商、中埜半六の屋敷跡などを博物館「酢の里」「酒の文化館」として残し、かつての面影を残す景観を観光資源として生かしている。

また、愛知県豊田市足助には江戸時代に「塩の道」として栄えた中馬街道沿いに江戸時代後期に建てられた旧家など古い街並みが残る。二〇〇八年から街並みを活かしたまちづくりを推進している。二〇一一年には国の「重要伝統的建造物群保存地区」の選定を目指している。

広島県福山市鞆の浦地区では景観をめぐって、住民と県、市との対立が続いている。「鞆の浦」と言ってもどこのことかわからない人が多かったが、いまや全国どこへ行っても知らない人はないくらい有名になった。それは、二〇〇九年一〇月一日、広島地方裁判所が鞆の浦の埋め立て架橋事業をめぐる裁判で反対派住民の請求をほぼ全面的に認め、鞆の浦の文化的、歴史的景観を「国民の財産」として広島県知事に埋め立て免許差し止めを命じたからである。今後、景観をめぐる行政の対応やこの種の訴訟にも大きな影響を与える画期的な判決である。

そもそも鞆の浦の埋め立て架橋問題の発端は一九八三年に広島県が福山港地方港湾審議会の答申を受け、鞆港湾計画を策定したことに始まる。その後、広島県と福山市、それに一部の住民も加えた賛成派と「鞆を愛する会」や「鞆の世界遺産実現と活力あるまちづくりをめざす住民の会」などの反対派がさまざまな形で主張を繰り返し、今日に至っている。

鞆の浦は福山市の中心部から南にわずか一四キロメートルのところにあり、瀬戸内海国立公園を代表する景勝地である。江戸時代に創建された福禅寺（対潮楼）からの仙酔島と海の眺めはすばらしい。大伴旅人が「我妹子が見し鞆の浦のむろの木は常世にあれど見し人そなき」と歌ったのも当然のことであろう。朝鮮通信使、頼山陽をはじめ航海に従事する多くの人が鞆の浦の風景を絶賛したという。

もとより瀬戸内海は風光明媚で白砂青松の海岸はとても美しいものであったが、経済成長期に埋め立てられたり、架橋によって開発され、かつての面影が失われてしまった。そういうなかで、鞆の浦は自然の残された数少ない港である。港にはいまなお雁木や常夜灯、さらには太田家や古い寺も残っている。こうした歴史と文化の香りのする鞆の浦を一躍有名にしたのは宮崎駿監督の映画「崖の上のポニョ」であった。鞆の浦に生きる人びとの多くは架橋によって美しい景観が失われることは避けたいと思っている。山側にトンネルを通して交通問題を解決することはできないだろうか。今回の判決はそういう意味でも鞆の浦の人物だけでなく、国民一人ひとりに問いかけるものでもある。

「歴史は人間がつくる」とよく言われるが、わが国ではじめての画期的な判決を勝ち取った鞆の浦の住民、なかんずくそのリーダーとして長く活躍してこられた原告団団長の大井幹雄さんと事務局長の松居秀子さんは歴史に残る人物ではなかろうか。

三、河　川

(一)　都市構造の変化と河川

都市は高度で多様な活動の営まれる空間であり、その持続的な発展のためには快適で利便性の高い都市基盤の形成と維持だけでなく、豊かな環境が維持され調和の取れた空間でなくてはならない。環境問題が深刻になっている今日ではとくに環境負荷を低減し、アメニティを創出する努力が欠かせない。

それにもかかわらず、経済成長とともに都市に人口が集中すると、市民は都心部では地価の上昇で住宅を求められないし、居住環境は悪化する。病院や学校も郊外に移転するケースが増えている。都市化は市街地を郊外にスプロール状に拡大するとともに中心市街地の空洞化を生じさせた。バイパス沿いに郊外型店舗が集積する一方、中心商店街では空き店舗が増え、シャッター通り化した。近年、都市の再生が大きな課題となっているのはこうした背景からである。都市の再生には何が重要な課題であろうか。

吉川勝秀は道路をつくり都市を再生する時代は終わったとして、「これからは川や運河、堀などの水辺から都市を再生する時代である」(4)と述べる。なお、勝野武彦は生活空間として河川を捉える必要性を強調している(5)。たしかに、これまで東京や大阪などの大都市に建設された高架道路をみると、交通を処理する上では役立っているかもしれないが、都市の再生には程遠い。もちろん、地方都市では交通網を整備すればするほど人も物も大都市に流れるという傾向がある。道路交通の処理だけを念頭に置いた都市再生である。川や水辺から都市再生を考えるべきである。

河川の機能として治水、利水の二つの機能が重視されるのは、言うまでもなく経済的に計り知れない恩恵をもたらすからである。それに対し、水辺環境は経済的価値が計りにくいからである。しかし、水辺環境がもつ多様な機能が人間の豊かな生活に大きな影響を与えることが明らかになるにつれて重視されるようになった。水辺がまちづくりにどのように生かされているかは都市の魅力に大きな影響を与える。水辺は豊かな自然を育み、美しい景観をつくって、われわれの生活を豊かにするとともに遊び場でもある。周囲の町並みや人びとの暮らしと一体になって文化や風土をつくり出している。潤いや安らぎが求められている今日、このような水辺のもつ価値があらためて認識されつつある。

一九八七年に建設省は「良好な水空間を創出し、安全で潤いのあるまちづくり」をコンセプトに「マイタウン・マイリバー整備事業」を創設した。この事業は河川改修だけでなく、道路、公園などの都市基盤の整備を行い、あわせて周辺の市街地と一体的にまちづくりをするもので、東京の隅田川、名古屋の堀川、北九州の紫川の三河川が指定を受けた。

(二) 水辺のまちづくり

① 道頓堀川 (大阪市)

大阪は「水の都」といわれ、「東洋のベニス」とも呼ばれる。安藤忠雄は「川は大阪の財産」というが、中ノ島周辺の川の眺めはなかなかの雰囲気を持っている。また、「都市格」を主張する大西正文は「戦前の入り組んだ運河と橋の醸し出す『水の都・大阪』の情感は大阪の原点といえる風景」[6]と言う。

豊臣秀吉が大阪城の外堀として東横堀川を掘ったのを初めとして、大阪では数多くの堀川が水路として開発され、舟運が発達した。とにかく、大阪には橋が多く、「八百八橋」といわれるほどである。古くから川は人びとの生活に欠かせないものであった。木津川　計によれば、大阪には四つの文化類型、すなわち都市的華麗な「宝塚型文化」、土着的庶民性を持った「河内型文化」、学術研究機能性を有する「千里型文化」、そして伝統的大阪らしさの「船場型文化」があるという[7]。それぞれの類型は対応する芸能を持つが、最後の船場型文化には上方歌舞伎、地歌、上方舞、文楽など伝統的な大阪らしさを包含している。文楽の発達した道頓堀では、公認と非公認、大小さまざまな小屋が建ち並ぶ道頓堀は、江戸時代の日本を代表する芝居町であった。

船場の旦那衆が船で道頓堀まで芝居を観に行ったり、屋形船を浮かべて夕涼みや花見を楽しんだという。水辺には雑喉場（魚市場）ができ、大いににぎわったといわれる。大坂は江戸時代には全国から様々な物資が集まり、「天下の台所」とさえ言われた。船場には商人たちが多く集まり、今なお問屋街として知られている。近松門左衛門の文学作品の舞台ともなった。また、道頓堀川一帯は歓楽街として栄え、今も活気のある歓楽街である。

鉄道の発達とともに大阪は商業都市から工業都市へ脱皮を図り、阪神工業地帯の中心として発展した。それと同時に水路が道路として、また工場用地として埋められたケースも少なくない。東横堀川のように川が埋められなかったものの高架高速道路として利用されているものもある。大阪は「水の都」といわれ、市域の一割を水面が占めるというが、水辺の建物は川に背を向けて立ち並び、川や水辺の空間は市民の日常生活から遠い存在になってしまっている。

二〇〇一年には第三次都市再生プロジェクトの指定を受け、水の都大阪再生協議会ができ、再生構想が策定された。船場を中心とする都心部をロの字型に取り巻く堂島川、土佐堀川、東横堀川、道頓堀川、木津川を「水の回廊」と名づけ、整備することになった。二〇〇九年八月には経済の地盤沈下が指摘されている水の都・大阪の復興を目指して「水都大阪二〇〇九」が開催された。一回限りのイベントではなく、都市資産や仕組みが集積されるようなまちづくりをめざしている。

道頓堀川は安井道頓が開いた運河で、この一帯は大阪きっての繁華街で日本の伝統芸能である文楽もいまなお盛んである。「とんぼりリバークルーズ」では、大阪ミナミ・道頓堀の「川からの眺望」を楽しむことができる。また、水辺の遊歩道も整備され、「とんぼりリバーウォーク」ではオープンカフェなどの取り組みも進んでいる。

② 紫川（北九州市）

紫川は、北九州市小倉地区の中心部を流れる延長二〇キロメートル、流域面積一一〇平方キロメートルの二級河川である。北九州市は、小倉北区の都心部を流れる紫川を中心に周辺市街地、公園、道路などを「市の新しい顔」として一体的に整備する「紫川マイタウン・マイリバー整備事業」を進めている。

一九五三年六月二八日、北九州市は六二年ぶりといわれる集中豪雨に見舞われ、二五日から降り始めた豪雨は四日間で六五〇ミリ、一年間の約四〇パーセントが降り、紫川流域でも大きな被害が出た。紫川は河口が狭くなっているので大雨が降ると河川が氾濫しやすいという特徴がある。そのため、一九五三年の水害並みの集中豪雨があった場合、決して安全とは言えない。北九州市は水害を防ぐために河川整備を進め、災害に強い都市づくりを進めるとともに市民が安心して水辺に親しめるように河川環境の整備に取り組んでいる。

北九州市は五市合併以来永く都市政策により地域全体の均衡ある発展をめざしてきた。そのために顔になる中心のないごく平凡な都市になりかねない状況が続いていた。そこで、市は「北九州市ルネッサンス構想」をつくり、多核都市から集中型都市へ都市政策を転換させることにした。そのひとつが、一九八七年から紫川ではじまった「マイタウン・マイリバー整備事業」である。この事業ではまず一〇〇年に一度の大雨が降っても洪水が起きないように治水事業からはじめるとともに、水辺を生かした「まちづくり」を進めた。一〇本の橋を架け替えたり、新設した。河畔には緑の空間、市庁舎、小倉城庭園、ホテルなどのほか北九州芸術劇場、ＮＨＫ北九州放送局、朝日新聞西部本社などがある。二〇〇〇年には生命の源である「水」とそれを取り巻く「環境」をテーマに「水環境館」がオープンした。

この事業の意義として北九州市は美しい「水景都市」として、かつてドブ川と呼ばれていた紫川を美しい川によみがえらせたこと、川に背を向けていた街並みを川と共生する見事な景観に変えたことである。紫川にかかる新しい橋は北九州のシンボルである。今では、二〇〇万都市圏の中核であり、活力と魅力ある北九州市のシンボルゾーンである。

一九六三年二月に旧五市が合併して北九州市が誕生したが、人口は一気に一〇三万人を超え、政令指定都市に昇格した。そのとき福岡市の人口は七二万人で大差であったが、その後に福岡市の人口は増加して一九七九年には福岡が北九州を抜いた。北九州では新日鉄の合理化をはじめ関連企業の人員削減が響いた。北九州の財界でも重厚長大からの脱皮を模索する動きが出てきた。北九州が福岡に対抗するには福岡とはまったく異なる政策を追求するしかなかった。それがルネッサンス構想であるし、水辺をいかしたまちづくりであった。また、「エコタウン」構想であり、「環境首都」構想である。

③　堀川（名古屋市）

堀川は名古屋城築城の資材を輸送するために掘られた運河である。堀川沿いには木材業者が集中し、名古屋のものづくりの基礎をつくっただけでなく、堀川は名古屋の物流の動脈として大きな役割を果たした。しかし、鉄道や自動車が物流の面で主役になると舟運は次第にその役割を終えた。一九六〇年になると、工場排水や生活排水で汚染がすすみ、悪臭を放つようになった。水面にはゴミが増え、川底にはヘドロがたまるようになってドブ川になり、「黒い川」とさえ呼ばれるようになった。かつては多くの人でにぎわった納屋橋界隈もさびれてしまった。

そこで、名古屋市は護岸工事と治水のために堀川を大改修することにした。同時に、建設省の「マイタウン・マイリバー事業」の指定を受け、堀川総合整備構想を実施することとした。納屋橋のたもとでは、取り壊される運命にあった旧加藤商会のビルは「堀川ギャラリー」に生まれ変わった。また、堀川の護岸改修工事にあわせてリバー・ウォークも整備された。二〇〇五年には、オープンカフェもできた。これまで堀川は市民から忘れられていたが、背を向けていたビルが川に顔を向けるようになったし、市民も集まってくるようになった。二〇〇九年四月には飲食店やギャラリーの入ったビルがオープンした。

こうした堀川整備事業も行政だけでなく、市民の大きな支えではじめて進めることができた。二〇〇四年には「堀川一〇〇〇人調査隊」が結成され、「堀川に清流を」という署名運動につながった。二〇〇三年には、「名古屋堀川一〇〇〇人調査隊」プロジェクトが実施され、庄内川からの導水と水質の観察が行われた。その結果、一九六五年以降、急速に水質は改善されてきた。

④　隅田川（東京都）

かつて、東京にはいたるところに水が湧き出しており、東京はまさに「水の都」であった。小学校の唱歌にもなった童謡「春の小川」は一九一二年に発表されたものであるが、渋谷川上流の河川がモデルではないかといわれている。その作詞者である高野辰之は渋谷駅の近くに住んでいて、河骨川近辺をよく散策したようである。しかし、今では当時の面影は無く、「春の小川記念碑」が立つのみである。東京には多くの川があったが、オリンピックが開催されるころから暗渠化が進んだ。日本橋川では川の上に高架道路がかけられていて、景観を損なっている。それどころか、「高速道路というのは、排気ガス、騒音、振動など環境を壊す要素ですし、まったくなじまない情景です。また、それによって光が遮断されます。高速道路の下は、草や樹木がはえていません。日本橋川を例にとりますと、橋が水面の一〇パーセント、高速道路はなんと五六パーセントも光を遮断しているのです。合わせますと約六二パーセントが水面への光を遮断しています」。[8] これこそ日本が戦後、都市機能優先の政策をとってきたことを物語るものである。いま、見直そうとする動きがあるもののまだ実現されていない。

こうした状況の下で隅田川の取り組みは市民と橋とのかかわりを教えてくれる好事例である。隅田川をこよなく愛した永井荷風は一九一一年に『すみだ川』という小説を発表しているし、滝廉太郎の名曲「花」も隅田川を歌っている。

⑤　韓国・ソウルの清渓川

一九六一年から七九年まで政権を担当した朴正熙政権は外国資本を導入し、輸出を促進するという形の経済開発を急速に進め、飛躍的な経済成長を実現させたことで有名である。それはまさに「漢江の奇跡」とさえ言われる。政府は輸出増大を達成する比較優位の産業として一九六〇年から七〇年代半ばにかけては繊維、履物、雑貨などの労働集約型の産業の育成を、七〇年代後半からは鉄鋼、造船、化学などの重化学工業化を進めた。その結果、韓国の産業構造は一九六〇年代から八〇年代にかけて大きく変わり、伝統的な農村社会から近代的な都市社会に移行した。そのため、都市では雇用機会が増大し、農村の人たちに雇用機会をもたらした。一九七〇年代には東海岸に工業団地が形成され、その一方では首都圏の広域化が進み、ソウル近郊にはいくつかの都市が形成された。「『漢江の奇跡』と讃えられた経済成長の裏には、さまざまな問題点が存在していたことも事実である。安易な借入による経営拡大、同族による経営支配、所得分配における不均衡、労働条件の不備などの問題もさることながら、ここで指摘すべきは、経済開発における地域間格差の問題だ」[9]という指摘も当然のことである。

韓国では全国民のおよそ四分の一に当たる一〇〇〇万人がソウルに居住し、首都圏内には二〇〇〇万人が暮らしている。韓国のソウル一極集中は日本の東京一極集中を上回る。ソウルの人口が増加し始めたのはオリンピックが開催された一九八八年ごろからである。当時人口は一〇二八万人であったのが、一九九二年には一〇九〇万人と四年間に六二万人も増加した。まさに、驚異的な増加である。地下鉄や高速道路の建設など基盤整備も進められたが、それを上回るほどのテンポで増加したのである。しかも、増加した人口の増加はオリンピックを契機に開発された漢江の南、いわゆる江南地区である。「一九六六年に八二・二パーセントあった江北の人口は、七六年には六七・一パーセント、八六年には五三・五パーセントに減少し、現在は江北、江南とも同程度の構成比になっている」[10]。しかし、人口のソウルへの集中は交通、住宅問題を深刻にさせただけでなく、漢江を渡る橋がネックになって交通渋滞をきたすという問題を生じさせた。人口の集中と交通インフラ整備の遅れは生活環境の悪化に結びついた。さらに、都市化と市民の生活スタイルの変化は環境をよりいっそう悪化させた。

ところで、いま世界中から注目されているのが「清渓川」という川である。清渓川は韓国の首都ソウルの中心部を西から東に流れる川である。その川沿いはソウルで最も人口密度高いところで、かつては商売をする人たちでにぎわっていた。ところが、一九五〇年代から下水による悪臭などの問題が深刻になったので川をコンクリートで覆う暗渠化が進められ、七八年に完成した。市内を通り抜ける自動車が増加したのでさらにその上に高架道路が建設された。この高架道路は長さ五・八キロメートル、幅一六メートル、往復四車線の自動車専用道路であって、撤去前の二〇〇二年度には一日平均一六万八五五六台（清渓川道路が六万五八一〇台、清渓川高架道路が一〇万二七四六台）[11]もの車が利用した。ところが、高架道路が次第に老朽化し、下水の汚染も進んだので対策に苦慮していた。

二〇〇二年のソウル市長選では、李明博大統領が当時の市長選挙に「都市に潤いを復活させる」ために清渓川を復元するという公約を掲げて当選した。この事業は、道路を撤去することで都心に乗り入れる車を排除し、川の再生をきっかけとして環境や文化を改善し、人に優しい都市に再生したという面で、韓国国内のみならず、世界の大都市経営に与える影響も大きなものがある。川からの首都再生の実践という面でも、世界的、歴史的な意義があった。都市政策として、しばしばハードに目が向けられ、人間が忘れられることが多いが、清渓川復元事業は単に河川を復元するものではなく、ソウルを環境にやさしく、人間中心的な都市空間として再編成することを意味すると同時に、都心部に対する総合的管理及び均衡発展を成し遂げようとするソウル市の重点事業である。この事業は都心にアメニティ空間を創造したこと、観光スポットとして人びとを集客したこと、周辺の地価を上昇させたことなど多くの成果を実現したが、チョンゲチョンの最大の功績はソウルの都市の埋もれてしまった記憶を蘇えらせたことである。

しかし、大統領に当選した後に、李明博大統領が発表した「韓半島大運河」構想は望ましいプロジェクトだとは思われない。

⑥　上海・蘇州河の環境問題

上海市内をほぼ東西に流れる黄浦江は「九〇年代後半からの工業化とともにさらに汚染は進行している。上流の上海市青浦区や松江区の工業開発区が外資系工場を誘致し、その間隙を埋めるように国営、市営、そして民間の地元工場がひしめき合う。更に農地では、農民が農作業のほか養鶏場、養豚場を経営している。網の目のように縦横に流れるクリークには工場排水はもちろん、工場労働者のための厨房から出る大量の汚水、周辺農民の生活排水、農薬、そして養鶏・養豚場から出る糞尿も流れ込んでいる」[12]という。さらに、「上海市の中心部は今でこそ、華やかな意匠の高層ビルやマンションが立ち並び、その間を美しい緑が埋めるようになった。しかし、一〇年ほど前までは国営工場が密集し、煤煙匂う工業地帯だった。高級マンションが分譲されている天山路には化学塩素が漏れるなどの事故が多発し、中毒事件を引き起こした工場があり、爆発はしょっちゅう、その悪臭に周辺市民は苦しめられていた」[13]という。

黄浦江に合流する蘇州河はかつて「上海のセーヌ河」と評された。その蘇州河は「六〇年代後半から紡績工場や家庭からの廃水で水質が悪化、八〇年代にはガスの泡が浮く黒い川と化し、『黒竜』と呼ばれた。河川浄化に対する住民の意識も低く、ゴミが好き勝手に投げ込まれて水面が見えないほどであった」[14]という。上海市当局は当時の上海市長（朱鎔基）を代表として一九九八年に三期にわたる「蘇州河環境総合対策」をスタートさせた。

第一期では汚染排水を断つために下水処理場の整備や長江、黄浦江上流から導水するなどが実施された。二〇〇一年には上海市は主流域では基本的に『黒竜』は解消され魚が泳ぐようになったという。二〇〇三年からの第二期工事では、河口に水門を設置して水位を調節したほかヘドロの浚渫工事も行われた。河岸の糞尿、ゴミ運搬用の港も撤去され、緑地に生まれ変わった。「市内の下水処理場は九八年の二二か所から二〇〇五年には四二か所に増え、下水処理量はそれぞれ一億五六〇五万トンから二億七八三三万トンへと上昇した。確かに、かつてのような鼻を突く異臭はほとんどなくなり、岸辺にはお年寄りが憩う場所もできた。『蘇州河が望める一室』は、マンション販売の宣伝文句にも登場するようになった」[15]。蘇州河沿岸に立地する高層マンションには「濱花園」（静安区）や「濱江苑」（黄浦区）などのように水の美しさや景観を標榜したマンションの名称がつけられたものも販売されている。しかし、それでもなお改善が進まないのはヘドロの浚渫工事が進まないからである。ヘドロの平均的な厚さは〇・五〜二メートル、大きいところでは三メートルにも達するという。第三期は蘇州川再生プロジェクトが進められており、蘇州川の改善とともに支川の水辺再生・開発計画が二〇〇六年から進められている。

中国には湖沼が極めて多く、天然の湖沼のうち面積が一キロメートル平方以上のものは二八〇〇もあり、その総面積は八万平方キロメートル以上である。太湖は中国五大湖のひとつで、琵琶湖の約三・六倍の広さである。古くからその美しい景観は観光客にも喜ばれてきたが、近年深刻な水質の悪化に悩んでいる。太湖につながる河川の流域は江蘇、浙江省など二省と上海市にまたがる三万六五〇〇平方キロメートル、人口は三九〇〇万人を超える。いまや、中国随一の経済圏であり、その急速な経済発展が太湖の水質汚染の最大の要因である。美しい江南の水郷都市蘇州は「二四〇〇余年の歴史を有する古都であるが、面積二八平方キロメートルたらずの空間に水源を求めて五〇〇近くの工場が集積しており、環境汚染がはなはだしい。二一の化学工場が街の周囲にあり、一〇の染物工場が水源の上流にあって、住宅地、工場地、観光地が混在し、煙突と宝塔がまざりあった混乱した配置で自然風景を破壊している」(16)。

太湖は多種多様な魚やカニの宝庫であり、周辺では養殖業も盛んである。また、上海、蘇州、無錫市など周辺の人口も急増し、家庭の排水、農地の化学肥料や農薬による汚濁、畜産農家の排水、工業用水の需要などによって水質の複合汚染が進み、その改善が急務となっている。読売新聞（二〇〇七年七月一二日）は「富栄養化によるアオコが過去最大規模で発生し、被害が下流域にまで拡大している」と報じている。さらに、六月末、温家宝首相が無錫市を訪れ、「『中央政府を代表しておわびする』と市民に異例の謝罪をする事態となった」と報道した。

中国の農村地域における大気汚染や水質汚濁は郷鎮企業の急成長と明らかに関係がある。郷鎮企業が中国の工業生産に占める割合は一九八五年には一八・八パーセントであったが、九〇年には二九・七パーセント、九五年には五五・八パーセントと実に六〇パーセント近くを占めるほどである。かつて中国が社会主義体制の下ではほとんどが国営企業であったが、市場経済の進展とともに郷鎮企業が伸びてきた。郷鎮企業は小規模なものが多く、投資額は少なく、機械や設備も古い。国の排出基準を満たすことがしばしばできず、汚染処理能力もほとんど持たないような状況なのである。一九八〇年代、過剰農業労働力を吸収する郷鎮企業が大幅に拡大され、汚染が規制されずに操業しているため水質汚染が大幅に増加した。

長江ベルト地帯のなかで江蘇省と浙江省は郷鎮企業の飛躍的な発展によって農業中心の経済構造を根本的に変え、農村工業化の一つのモデルをつくった。中央政府は浦東開発を契機に上海が経済、貿易、金融の中心になるにつれ、江蘇省と浙江省は浦東開発の波及効果を取り入れ、「上海との経済的リンケージ」をつくり上げた。

⑦　北京の転河

中国の人口は一九六四年には総人口は六億九一二二万人で当時は農村の人口が圧倒的に多く、全体の八二・一パーセントを占め、都市人口はわずかに一七・九パーセントにしかすぎなかったが、改革・開放とともに都市人口が増え、二〇〇六年には四三・九パーセントにまで増加した。特に、最近の北京市の人口増加は著しく、二〇〇〇年には一一一三万人であったが、二〇〇九年には一七五五万人とわずか一〇年間に六四二万人も増加したことになる。

北京の春は遅い。ときおり強い砂嵐が吹き、立春を過ぎてもなお時として寒の戻りがある。四月半ばを過ぎてようやく暖かくなる。内陸であるため夏は格別暑いのが特徴である。冬になると、北風が吹きすさび、ことのほか寒い。時には雪が積もることさえある。北京でもっとも過ごしやすいのは秋であろう。この時季には空は青く晴れ渡り、風は穏やかで観光客の誰もが感嘆する。中秋の名月の美しさは言葉に言い表せないくらい美しい。

北京の都市としての発展の基礎は春秋戦国時代（前七七〇～前二二一年）の燕の都である「薊城」の建設に始まる。その後、多くの封建王朝の都であり、解放後も中国の政治的中心の役割を果たしている。北京は都市としては三〇〇〇年、首都しては八五〇年という悠久の歴史を持つ。

現在の北京の都市形成の基礎は元の「大都」の造営に遡ることができる。碁盤目状の街路網や胡同・四合院の存在、故宮など主要な都市施設の配置に見られるように「大都」の都市骨格は今日の北京の都市構造にも大きな影響を及ぼしている。解放後の社会主義建設や改革・開放政策により北京は急速に変化しているが、元の「大都」以来の伝統的な北京の都市の骨格は変わらないままである。

北京市では一九五二年からソ連の技術者を招き、マスタープランを作成し、旧市街地の開発と郊外への発展を推進した。市内を東西に長く伸びる長安街がつくられ、天安門広場や北京駅などができたのもモスクワにならったものである。一九六九年には城壁が排除されるが、大規模な開発はなく、古い町並みも残されていた。本格的に開発が行われるのは一九八三年にマスタープランが策定されてからである。道路や地下鉄が建設され、超高層ビルも現れた。

しかし、再開発に伴う問題も出てきたので一九八四年には都市計画条例、八九年には都市計画法が制定された。一方、一九八五年には建築高度規制の規定、八七年には建築容積率の規制などが制定され、歴史的な環境保全、水系や緑地帯の保護などがうたわれた。一九九〇年代になると、街の景観や生活環境の改善が重視されるようになった。一九九二年には新しいマスタープランを策定し、北京市の歴史的環境の保全、湖や河川の整備がうたわれた。

近年、北京の変貌は驚くべきで、高層ビルが建設され、市街地は郊外に拡大して、道路には自動車が溢れている。「中国人は農村や郊外の一軒家よりも、都市の一つのベッドの方を切望するといわれるほど、町の賑わいを好む『都市の民』なのである」[17]といわれるのだから北京の町も「都市の民」がつくるであろう。

中国では都市を「城市」というのは、昔の中国の都市が城壁で囲まれていたからである。北京も同じであって旧市内と旧市外は城壁で分けられていた。内城が皇帝や貴族、官吏を中心とする支配と権力の世界であるとすれば、外城は庶民の欲望が渦巻く文化と享楽の世界であった。

旧城壁跡にほぼ沿う形で建設されたのが「二環路」である。市街地の拡大と共にその外側に、さらにその外側にと次々と環状道路（環路）がつくられてきた。オリンピックの誘致に成功した二〇〇一年当時には、四環路の外側は郊外であり、オリンピック会場のあたりは農村であった。ところが、その後に「五環路」「六環路」と完成し、今ではここまで市街地が拡大し、高層マンションの建設が進んでいる。

環状道路の建設と並行して地下鉄の建設も進められた。二〇〇一年当時には、北京市の地下鉄といえば市内を東西に走る「一号線」と二環路に沿って走る「二号線」だけであったが、現在では北部の「一三号線」、南北に走る「五号線」と「四号線」、一号線の東部への延長として「八通線」、北京首都国際空港と市内を結ぶ「空港線」、三環路にほぼ並行して走る「一〇号線」、さらにはオリンピック公園に直結する「五輪支線（八号線）」もオリンピックに向けて完成した。

こうして二〇〇八年に開催された北京オリンピックにむけ環状道路や地下鉄の建設が進められたのは北京市の急激な人口増加と北京市内はもちろんのこと、さらには北京市と郊外を結ぶ自動車の増加が背景にある。

ところで、明・清の時代を通じて都市基盤の整備が行われた北京は、紫禁城（故宮）を中心に河川や池などが整備され、物流が行われていた。清代には紫禁城の北西部に昆明湖が造成され、湖畔には夏の離宮が建てられた。ここが現在市民や観光客の憩いの場となっている頤和園である。歴代の皇帝などは紫禁城から運河を利用して船で夏の離宮に向かったと言われている。また、市の東部には通恵河が京杭運河に通じており、北京と華南地域を結ぶ航路となっている。

春名徹が「北京には大きな池を囲む美しい庭園があちこちにあって、『豊水の都』とよばれることもある。しかし、これは自然の環境というよりは、長い時間にわたって積み重ねられてきた人間の努力の結果なのである」[18]というように北京は水に恵まれているようにみえるが、実際はそうではない。

紫禁城の西に連なる中南海、北海、汁刹海をはじめとする湖沼、さらに城壁を包む護城河（お堀）や運河の水辺のしだれ柳の風情は格別であるが、その水路は紫禁城と頤和園を結ぶ水路（運河）であり、江南の富と文化をもたらした水路でもあった。歴代の王朝が水不足に取り組んだが、特に大都の建設では高梁河という小さな川を利用して西部の玉泉山から水を引き飲料水を確保すると共に舟運を復活させた。さらに、水不足を解消するために永定河からの水路を復活させるとともに北方の昌平芳名から水を引いて通恵河という運河を開削した。その結果、大都までの水路（運河）が完成し、物資の輸送が活発になった。玉泉山を水源とし頤和園の昆明湖から紫竹院公園、北京動物園を経て北海に至る水路である。清代には積水潭、前海、後海などの池、さらに北海から南に中・南海が掘られた。

北京市内を流れる高梁河（転河）は洪水防止や紫禁城外堀への導水に重要な役割を果たしていたが、一九七五〜八二年の間に都市化により埋め立てられ、その跡地には工場や住宅が建てられた。しかし、水辺環境への市民の高まりを受けて北京市は二〇〇二年にこの河を従来の姿に戻す事業を始めた。

中国は一九七八年末以来、改革・開放政策を進め、「世界の工場」と呼ばれるまでに成長し、GDPは二〇一〇年には日本を抜き、世界第二位までに発展した。改革・開放政策は外国の資本と技術を導入し、深圳、厦門、大連など沿海部に経済特区をつくり、工業製品を輸出するという政策をとったので沿海部では経済発展は著しいが、内陸部ではその恩恵を受けられず、格差が拡大した。しかし、二〇〇八年には北京でオリンピック、二〇一〇年には上海で万博を開催するほどまでに発展した。近年、個人消費の伸びは大きく、都市化とモータリゼーションが加速している。中国人観光客が日本で急速に増加しているのもこうした情況を反映したものである。国民の住宅に対する需要も大きく、不動産バブルが生じさえしている。北京の人たちが水辺環境を求めるのも当然である。

北京市はオリンピックを機会に都市河川の整備に市民と自然との共存という精神を導入し、地域の歴史を活かして市民とのふれあいを重視することにした。また、頤和園には従来、観光客はバスで行くのが一般的であったが、最近は水上バスで行くことが可能になった。これまでにない画期的な事業であった。かつて北京における交通・輸送手段は運河を通る船が主体であったが、自動車の普及により道路主体に大きく変わった。その結果、かつての運河は埋め立てられ、都市から水辺の景観が消失していった。北京では、オリンピックを契機に、国際都市への発展のため、都心も環境や景観の再生を目指し、かつての運河や河川の再生を大規模に推進してきた。その代表的な川である転河では、「一度埋め立てられて道路となっていた川を道路を撤去し、川を掘り起こして再生し、河畔に公園や緑地、そしてリバー・ウォークや船着場を設け、園周辺の都市を再開発している」[19]。

現在の北京の骨格ができたのは今からおよそ七〇〇年前のことで、一三世紀の元の時代であると言われている。皇帝の住む「皇城」を中心として整然とつくられた「大都」は当時としては世界に例のない巨大な都市であった。動脈として南北に伸びる大通りから東西に伸びる形で碁盤の目のように配置されたのが「胡同」である。北京市内ではこれまで見過ごされてきた胡同とよばれる古い町並み、庶民の暮らしがにわかに脚光を浴びている。灰色のレンガ造りの「四合院」とよばれる住宅は伝統的な建築様式で、外敵を防ぐために通りに面した壁には窓がなく、中庭を囲むように部屋が並んでいる。かつては一軒に一家族が住んでいた庶民の暮らしが観光客の人気を集めている。三輪自転車に揺られてめぐるツアーが人気を集めている。

世界の都市を研究している陣内秀信はヨーロッパは「広場の文化」であるが、アジアは「路地の文化」であるという。北京の路地は文化が凝縮した場でもあるという。中国のことわざに「中国で一番豪華なところは上海に及ぶところはなく、料理の美味しいところは江南に及ぶところはなく、贅沢で食道楽の多いところは北京におよぶところなし」と言われるが、まさにそのとおりで皇帝の都であった北京では多様な食文化が胡同で育ったと言われる。北京の伝統文化は「紫禁城からではなく、大小の胡同から生まれ育ち、開花した」[20]と言われる。

（三）都市の再生と河川

地球規模で環境問題を最初に取り上げたのはアメリカの生物学者レイチェル・カーソンが一九六二年に発表した『沈黙の春』ではなかろうか。彼女は残留毒性の強いＤＤＴやＢＨＣなどを散布することによって生態環境が汚染されて野生生物が死に至り、春が来ても鳥の鳴き声を聞くことの無い沈黙の世界がやってくることを著書の中で警告している。

世界の科学者や経済学者で構成された国際的な組織、ローマクラブは一九七二年に『成長の限界』を、さらに七五年には『転機に立つ人間社会』を発表した。人口の増加、資源の浪費、環境の悪化がこのままの状態で加速された場合、地球は果たしていつまで人類の生存を保障しうるのだろうかという問題意識である。

ちょうどこのころ一九七二年にはスウェーデンのストックホルムで国連環境会議が開催された。この会議の背景には一九五〇年代から六〇年代にかけての先進諸国の急速な経済成長に伴う深刻な環境破壊があった。この会議では発展途上国の貧困とそれに起因する環境破壊が取り上げられた。このあと、地球規模の温暖化、オゾン層の破壊、酸性雨、熱帯雨林の減少、砂漠化、野生生物種の減少、海洋汚染などさまざまな環境問題を取り上げた国際会議が開催されるようになった。

一九九二年には、ブラジルのリオデジャネイロで「環境と開発に関する国連会議」、いわゆる「地球サミット」が開催され、「環境と開発に関するリオ宣言」および「持続可能な開発のための人類の行動計画」としての「アジェンダ二一」が採択された。これにもとづいて日本でも一九九三年に環境基本法が策定されたが、それにともなう具体的な行動計画を示したのが環境基本計画である。この計画では「持続可能な開発」が重要な柱になっている。

「アジェンダ二一」は全部で四〇章から構成された広範囲に及ぶ行動計画であるが、注目したいのは第二八章「アジェンダ二一の支持における地方自治体のイニシアチブ」である。これが、いわゆる「ローカルアジェンダ二一」といわれるもので、地域の持続可能な開発の優先課題に対応する長期戦略行動計画の準備と実施を通じて、「アジェンダ二一」の目標を地域レベルで達成するための市民参加型のマルチセクタープロセスである。つまり、各自治体がその地域で「アジェンダ二一」を達成するための行動計画を立て、実施するものである。すでに、京都市では「京のアジェンダ二一」、大阪府の豊中市では「豊中アジェンダ二一」がある。また、山梨県と神奈川県にまたがって「ローカルアジェンダ二一桂川・相模川」があり、多くの市民が参加して、持続可能な地域社会づくりに取り組んでいる。

一九八七年には「環境と開発に関する世界委員会」（通称ブルントラント委員会）が発表した『われら共通の未来』では「持続可能な開発」（Sustainable Development）という新たな考え方が提唱された。ここで言う持続可能な開発とは「将来の世代のニーズを満たす能力を損なうことなく、現在の世代のニーズをみたすこと」である。二〇〇二年のヨハネスブルグサミットで日本が「持続可能な開発のための教育（Education for Sustainable Development）」を提案したが、「国連ESDの一〇年」が国連で採択された。

地球規模の環境問題は温暖化、砂漠化、熱帯雨林の減少、オゾン層の破壊、海洋汚染など複雑多岐に渡るが、こうした分野別の研究方法もきわめて重要であり、すでに多くの研究成果が発表されている。しかし、家庭や学校、職場などをはじめコミュニティ、都市、地域ブロック、国民経済、世界など空間のスケールで環境問題の所在を重層的に捉え、持続「不可能」な要因を地域間関係の中に見いだすという視点も欠かせないのではなかろうか。

都市の再生にあたっては、様々な点から取り組む必要があるが、なかでも河川や水を取り入れ、都心を再生させる政策がきわめて重要になってきた。多くの国民が自然や文化、歴史といった生活の質を高めるようなものを求めるようになった。経済成長期にあまりにも産業優先の政策に重点が置かれ、国民の生活が顧みられなかったからである。わが国でも大阪の道頓堀川、北九州の紫川、名古屋の堀川、そして東京の隅田川などで取り組まれている。しかし、日本橋川にかかる高速道路の橋脚はいまなお撤去されないままである。韓国・ソウル清渓川の取り組みはわれわれも学ぶべきものが多い。

四．コンビニ

近代日本の小売業は都心のターミナルなどにある「百貨店」と小売店の集合体である「商店街」の二つであった。高度経済成長期になると地方の農村から出てきた単身者や共稼ぎ世帯が増えてきた。彼らは朝早くから夜遅くまで働くから日常生活品を求めるには百貨店も商店街も便利ではなかった。そういうなかで「スーパーマーケット」という小売形態として「主婦の店ダイエー」が大阪に誕生したのは一九五七年のことである。一九六〇年代はスーパーマーケットの隆盛時代であった。スーパーマーケットは商店街とあつれきを生じたので政府はスーパーマーケットを規制するとともに積極的に中小商店の近代化を目指してコンビニを導入する政策をとった。

高度経済成長期まではわれわれの生活は地域共同体によって支えられていた。しかし、この地域共同体は人間関係が複雑で煩わしい面もあった。高度成長によって共同体の紐帯がきれると、単身者や若者は携帯やインターネットに夢中になるようになった。郊外の住宅街では「都市の論理」がゆき渡り、人間関係は希薄になると、コンビニが増えた。鷲巣力はコンビニの機能について「若者にせよ、高齢者にせよ、コンビニで寂しさがつかの間癒され、悩みを忘れる。『和みの空間』『癒しの空間』もコンビニがもつ機能でありコンビニが流行する一因である」[21]という。

われわれの毎日の暮らしに深く関わっているものに自販機、宅配便、コンビニがある。これらを通して「現代日本の社会」や「現代日本人の暮らし」がみえてくるに違いない。つまり、これらは日本の縮図であると言っても過言ではない。毎日、三四〇〇万人もの人がコンビニを利用しているとと言われるが、これほど多くの人が利用しているサービス業もないであろう。荒木俊之は京都市におけるコンビニの立地について、一九八六年以降出店数が増加していること、また九六年以降は中心市街地への出店比率が増加していることを指摘しているが[22]、中心市街地の空洞化と居住者の高齢化が関係しているものと考えられる。

コンビニは一九六〇年代にアメリカで急成長したが、日本では七〇年代以降に商品の仕入れ・配送から販売・顧客情報まで一元管理する仕組みが確立され、店舗が急速に拡大した。効率的な運営モデルを確立した日本のコンビニは海外でも競争力があり、経済成長の続くアジアで需要が急増しており、ノウハウを活かして事業を急速に拡大している。二〇〇九年度の全国のコンビニエンスストアは四万二六二九店舗である。二〇〇八年には全売上高の三五・二パーセントをセブンイレブンが占め、トップである。第二位はローソン、三位はファミリーマート、四位はサークルKサンクスである。これら大手の上位四社で全売上高の七〇パーセント以上を占める。

コンビニはおよそ三〇年前に誕生したが、モノとサービスの「便利さ」を売り物に急速に成長した。最近はコンビニ同士の出店拡大競争だけでなく、深夜営業のスーパーなどのライバルもあって消費者の魅力を惹きつけるのは容易なことではない。まさにコンビニはいま岐路に立たされているといえよう。そこで、地元の味付けにしたおでんや弁当を増やしたり、買い物カートを用意して通路幅を広げるなどのほか品揃えだけでなく高齢者や障害者にもやさしく、車イス利用者のために力ウンターの高さを低くするなど様々な工夫をしている。

ところで、コンビニはこのような社会の変動に対応した「和みの空間」、あるいは「癒しの空間」としての役割の他に最近は文化としての役割も強調されている。つまり、「中食（なかしょく）」としての役割である。同じ「中食」でも文字通り「ちゅうしょく」とは異なる。「ちゅうしょく」はお昼の食事、つまり昼食のことであるが、「なかしょく」は家庭の外で調理された料理を家庭外で食べる「外食」との中間にある食事を言う。弁当や惣菜、調理済みの料理を外で購入し、家庭に持ち帰って食べる食事のことである。コンビニで中食を買ってきて食べれば、調理する時間もかからないし、費用もかからないから単独世帯や夫婦のみの世帯には都合がよい。

かつては食事の時間と場所は決まっていたが、最近は電車の中、駅、あるいは食べながら歩く人も増えた。つまり、「なかしょく」はいつでも、どこでも食べ、捨てられるという良さがある。こうした「コンビニ文化」とも言うべき食文化が広がっている。イオンの創業者の岡田卓也氏は「コンビニは日本が誇る文化」であるというが、「日本のコンビニは日本社会が育てた文化であり、日本人の暮らしと一体になった文化である」[23]という主張も当然であろう。

注

（1）井上　俊『地域文化の社会学』世界思想社、一九五頁

（2）日本経済新聞、二〇〇五年四月一八日

（3）大西国太郎『都市美の京都』鹿島出版会、一九九二年、二四頁

（4）吉川勝秀編著・伊藤一正著『都市と河川』技法堂出版、二〇〇八年、七頁

（5）勝野武彦「生活空間としての河川の機能」ジュリスト増刊総合特集（二三）現代の水問題、課題と展望、一九八一年

(6) 大西正文『都市格について—大阪を考える』創元社、一九九五年、一〇九〜一一一頁
(7) 木津川　計『都市格と文化—大阪から全国へ—』自治体研究社、二〇〇八年、一一四頁
(8) 隅田川市民交流実行委員会編『都市の川—隅田川を語る—』岩田書院、一九九五年、二九四頁
(9) 朴　一『変貌する韓国経済』世界思想社、二〇〇四年、二二六〜二二七頁
(10) 橋本和孝・藤田弘夫・吉原直樹編『世界の都市社会計画』東信堂、二〇〇八年、一一八頁。
(11) 日本建築学会編『水辺のまちづくり』技報堂出版、二〇〇八年、八九頁。
(12) 山河宗太『環境テロ中国の基準値』株式会社オークラ出版、二〇〇八年、八六頁
(13) 山河宗太『環境テロ中国の基準値』株式会社オークラ出版、二〇〇八年、八九頁
(14) 藤野　彰編、読売新聞中国環境問題取材班著『中国環境報告』増補改訂版、日中出版、二〇〇七年、一八八頁
(15) 藤野　彰編、読売新聞中国環境問題取材班著『中国環境報告』増補改訂版、日中出版、二〇〇七年、一九二頁
(16) 中国研究所編『中国の環境問題』新評論、一九九五年、二〇頁。このはか、中尾正義・銭新・鄭躍軍編『中国の水環境問題』勉誠出版、二〇〇九年。井村秀文・勝原健編著『中国の環境問題』東洋経済新報社、一九九五年。井村秀文『中国の環境問題　今なにが起きているのか』株式会社化学同人、二〇〇七年、小島朋之編「中国の環境問題」慶應義塾大学出版会、二〇〇〇年を参照。
(17) 陣内秀信・朱自煊・高村雅彦『北京—都市空間を読む』鹿島出版会、一九八九年、二四一頁
(18) 春名　徹『北京』岩波新書、二〇〇八年、一三八頁
(19) 吉川秀勝編著、伊藤一正著『都市と河川』技報堂出版、二〇〇八年、二〇八〜二〇九頁
(20) NHK「アジア古都物語」プロジェクト編著『北京—胡同に生きる』日本放送出版協会、二〇〇二年、四〇頁
(21) 鷲巣　力『公共空間としてのコンビニ』朝日新聞出版、一〇六頁
(22) 荒井良雄。箸本健ニ編『日本の流通と都市空間』古今書院、二〇〇四年、五九〜六〇頁
(23) 鷲巣　力『公共空間としてのコンビニ』朝日新聞出版、二〇〇八年、三〇六頁

第六章　グローバリゼーションと文化

一．社会変動の波

現在は「工業化社会」から「脱工業化社会」への転換期にあり、大きな社会変動の波が押し寄せている。「工業化社会」では少品種・大量生産が主であり、文化や社会の等質性が求められ、高度経済成長を実現したのは事実である。ところが、物質的に豊かな社会を達成した国民の多くは精神的な豊かさを求めるようになった。人びとの欲求は物質的な豊かさのみでなく、文化や環境などの豊かさを求め、「生活の質」の向上を求めるようになった。

「脱工業化社会」では多品種・少量生産が求められるが、それには社会の「仕組み」を変えなくてはならない。日本は古くから「モノづくり」では優れていたが、それは「生産」を中心とした社会であり、脱工業化社会は「消費」を中心にした社会、つまり国民の消費構造が生産構造を決め、社会を変える原動力となるが、いままさにそういう新しい時代に直面している。

しかし、社会が急速に変わると、それに適応できない人が出てくる。その一つがいわゆる「ひきこもり」である。人が狭い空間から社会に出ないことを言う。具体的には、自分の部屋でほとんどの時間を過ごし、学校や会社には行かないという状態、あるいはそのような人である。NHK福祉ネットワークによると、二〇〇五年度のひきこもりは一五〇万人にものぼると言われており、稀に外出する程度の人まで含めると、三〇〇万人以上存在するという。ひきこもりの六三パーセントは四〇歳代であり、内閣府の調査によれば、ひきこもりのきっかけは就労経験不足や「就職氷河期」と呼ばれる状況の中で自分が望んでいた仕事につけなかったというケースが多い。こうしたひきこもりの人達が社会復帰を望んでも履歴の問題や社会経験の不足で就職は難しい。そしてさらに深刻な問題は彼らを支えている親たちの高齢化、親が死んだあとどう生きるか、再び社会復帰できる手立てはあるかどうかである。

最近、「オタク」という言葉が使われることがある。「オタク」というのは、定義は難しいが、広い意味では子どもが夢中になるような趣味をもつ人、狭い意味では東京の秋葉原で楽しんでいるような人を言う。つまり、「オタク」とは、大人でありながら大人になりきれない人のことであろう。彼らの多くはコミックやアニメに夢中になっている。オタクは日本の文化の上では無視できない存在になりつつある。現代の日本の社会では、昔より価値観は多様化し、人間関係もはるかに希薄になり、一人でも楽しめる時間の使い方が多様化、高度化して「オタク」たちの趣味を創りだしており、これが「オタク」文化とさえ呼ばれるようになった。趣味に没頭できることは素晴らしいことではあるが、人と関わりを持つことも大切なことである。一方で、オタクが偏見を持って社会から見られていることも事実である。

さらに、深刻な問題は警察庁のまとめによれば、二〇〇九年の自殺者は三万二七五三人で一九九八年以来一二年連続で年間三万人を超えたことである。その背景には、バブル経済崩壊後の年功序列型の終身雇用制度の崩壊や「勝ち組」「負け組」といった言葉であらわされる格差社会への急激な変化が国民に大きなストレスを与え、うつ病などの精神的な病気となっているのではないかと言われていることである。

二．グローバリゼーションと文化

一九八九年一一月九日、冷戦の象徴であった「ベルリンの壁」が崩壊した。一九九一年一二月にはソビエト連邦が解体し、第二次大戦後、半世紀近く世界を分断していた東西冷戦構造に幕を閉じた。民主主義、市場経済、人権などの価値観を世界に広めて国際政治や経済を主導しようとするアメリカの覇権は一層強まり、世界はアメリカ一極集中の様相を呈し始めた。

グローバル資本主義の広がりで世界は相互依存度を高めた。ソビエト連邦・東欧の共産圏だけでなく中国でさえグローバル化の大きな波にのみ込まれ、新しい世界秩序が築かれようとしている。
一方、グローバル化時代の新たな主役として豊富な資源や労働力をテコに高い経済成長を遂げるBRICs（ブラジル、ロシア、インド、中国）は著しい発展遂げている。なかでも中国は経済成長率が一〇パーセントを割ったとはいえ世界が注目しており、各国とも関わりを持たざるを得なくなってきた。

日本は一九六〇年代以降、「東洋の奇跡」とさえ言われるような飛躍的な経済発展を遂げた。その結果、一九六八年には西ドイツを抜いて世界第二位の経済大国となり、四〇年余りその地位を維持してきた。しかし、一九九〇年代には「失われた一〇年」とさえいわれるような経済の停滞が続いていた。ついに二〇一〇年には中国が日本を抜き、世界第二位の経済大国となった。中国は二〇〇八年に北京オリンピックを、一〇年には上海万博とアジア大会（広州）を開催するほど成長した。経済大国となった中国の巨大な市場は日本にとっては最大の貿易相手国であることは間違いない。ロシアもエネルギー資源をもとに発言力を強めている。ヨーロッパでは欧州連合（ＥＵ）が着実に拡大し、存在感を高めつつある。いずれにしても、いま世界は「多極化」の傾向が強まっている。

いまや、世界はグローバル化時代であるが、アジアを抜きにしては日本の成長は考えられない。
これまではアジア各国の異質性が強調されてきたが、相互の依存性が各分野で強まっている今日、相手国の重要性を冷静に認識し、信頼の回復・醸成に取り組むべきである。グローバル化は経済成長を促進するものとして評価されるものの負の側面も無視できないからである。貧困や格差、環境問題など国境を超えて協力して取り組まなくてはならない問題も多々ある。

われわれはグローバル化に対しては常に注意を払わなくてはならない。「市場経済」化は経済発展に欠かせない普遍的な価値観、社会のしくみであるが、それは同時に民主主義を伴わなくてはならない。市場経済は分野や地域を問わず拡散するという特徴を持つのに対し、民主主義は特定の国家や地域に限定されるからである。

グローバル化とは、「国際システム（international system）に代わる地球規模のシステム（global system）が形成される過程をさしており、社会環境や文化のシステムが地球全体に拡張していく過程である」(1)とすれば「グローバル化した文化は、グローバルなレベルで統合され、新たな文化形態を生み出す。それは、再びローカルな場に浸透し既存のローカルな文化との対抗、併存、再統合の過程で修正される。グローバルな文化がローカルな領域に定着すること、つまり土着化することは『グローカル化』（glocalization）といわれる（ロバートソン）が、グローカル化はローカルな要素のグローバル化とグローバルな要素のローカル化という過程で生ずる現象である。……グローバルな要素がローカルなものを圧倒し、隅々までグローバル化が浸透するのか、あくまでローカルな要素は固有の特質を保持し続けるのかについては、それぞれの文化領域と連動した諸種の生活領域によって異なる」(2)という。

世界はグローバル化の時代であるからこそわれわれはグローバルな対応が求められる。森明子さんが「茶の湯のこころ」(3)を世界につたえたように様々な分野で積極的にグローバルに対応する姿勢が今ほど求められているときはない。今日、音楽、ドラマ、マンガ、アニメなど現代の若者文化は日本、中国、韓国などで驚くほど共通の文化となりつつある。かつて、「冬のソナタ」をはじめとする「韓流」ブームが日本で巻き起こったことがある。当時、韓国ドラマのテレビでペ・ヨンジュン(主演男優)を見ない日はないほどであった。これは、日本だけでなく台湾、シンガポールでも同じである。しかし、いま東アジアで起こっているのは韓国ブームだけではない。すでに一九九〇年代から日本のマンガをはじめアニメ、テレビドラマ、アダルト映画などが東アジアの各地で売れるようになったし、いまでは韓国や日本だけでなく中国や台湾でもこれらが売れている。今日ではこういった文化商品を生産・販売する産業、つまり「文化産業」ともいうべき新しい産業が中間所得層の成長によってアジアでも一大産業に成長しつつあるといえよう。

三．日本企業の文化とトヨタ

戦後の日本経済の飛躍的な発展はその根底には相互信頼がベースになって社員の労働意欲が高まり、日本の企業経営の強みであるＱＣなどの小集団活動や提案制度が活性化したからであると言われる。たしかに、戦前から続いてきた「日本型経営」が大きく影響していることは言うまでもない。日本型経営の中心は「会社と社員の無意識の相互信頼」である。その日本型経営と言われるものの特徴は具体的には終身雇用制、年功序列制度、企業内組合の三つであり、これこそ日本企業の文化であるといえよう。しかし、この日本型経営も最近揺らぎつつある。国際競争が激しくなるにつれ、長く続いてきた日本型経営を見なおさなくてはならなくなってきた。企業は自分の雇用や収入を保証してくれないということを自覚しなくてはならない。

トヨタ自動車の創業者・豊田喜一郎は「ジャスト・イン・タイム」を提唱したので有名である。これは「必要な部品を、必要なときに、必要な量」を調達し、生産ラインに載せるという手法である。「倉庫は金を寝かすことと一緒だ」と彼は考えたという。さらに、一九四九年頃には、機械工場長・大野耐一はアメリカのスーパーマーケットの商品の補充にヒントを得て、「カンバン方式」を発案した。それまで、前工程で部品を作り、貯めておいて後続の工程に渡していたものを、逆に後続の工程で部品が足りなくなると前工程に取りに行かせるようにしたのである。部品の納入時間、数量を連絡する作業指示表が「カンバン」と呼ばれたことからこの名前が使われるようになった。トヨタの「カンバン方式」の効率的な生産方式は「トヨタ生産方式」と呼ばれ、日々「カイゼン」され、トヨタ自動車の合理化精神を支えている。

トヨタ自動車には創業から今日まで会社のトップによる「トヨタ経営語録」がある。大野耐一の有名な言葉に「五回の『なぜ』を繰り返せ」という言葉がある。これは、何か問題が起きたとき、表面的な問題解決に終わらせず、徹底的に原因を追求し、真相を明らかにすることで、二度と同じ問題が起きないようにするという教えである。また、トヨタの大番頭と言われた石田退三の言葉には「自分の城は自分で守れ」という言葉がある。

トヨタ自動車の社員は正社員と期間従業員と呼ばれる契約社員および派遣社員とに分かれている。会社の製造現場の製造組み立てに携わるライン従業員は期間従業員である。正社員は、製造現場の班長やラインの責任者という立場で製造現場に関わっている。正社員でも就業当初はラインの作業に携わるが、班長やライン長に昇格する。

正社員の給料は当然のことながら月給制であるが、事務職と技術職は一九九九年から、技能職は二〇〇四年から年功序列制が廃止され、徹底した能力主義給与に変更された。もちろん、期間従業員の場合は日給月給制であり、就業日数によって月給の金額が変わることは言うまでもない。トヨタ自動車の前社長張富士夫は年功序列制度が戦後の日本経済の発展に大きく貢献したことは認めるものの、国際競争力にかけるという立場からこの制度を批判している。トヨタ自動車はたえず新しい企業文化をつくり出している。「世界のトヨタ」といわれる所以である。もちろん、トヨタは「豊田財団」を通じて、幅広い社会貢献をしており、一般に言われる企業文化であろう。

四．文化産業論

現在、成長の著しい住宅、医療、スポーツ、レジャー、外食、ホテル、健康といった分野は非製造業、第三次産業、サービス産業などと呼ばれていた分野である。これまでどちらかと言えば、生産性が低く、製造業に従属する産業とみなされてきた。しかし、「脱工業化社会」と言われる新しい社会にある日本ではこういった分野の産業が不可欠である。近年、カルチャーセンターや文化会館が全国的に増加しているのは「文化の時代」を反映したものである。いくつかの産業を取り上げてサービス産業が発展する背景を考えたい。

まず、外食産業である。総務省の「家計調査年報」によれば、家計における外食費の伸びは著しい。国民の消費需要の新しい動きを捉え、一九六〇年代の後半にアメリカの新しい経営手法を取り入れた業者が外食産業の経営に取り組み始めた。

外食産業が急速に発展した背景としては、国民所得の増加、自由時間の増大、女性の職場進出に伴う家事労働時間の削減、自動車の普及、家族のコミュニケーションの必要などわが国の経済成長と共に新たな問題に対する対応が不可欠になったという事情が挙げられる。かつては、家族みんなで食べたり、話しあったり、遊んだりしてコミュニケーションを深めることができたが、最近は父親が残業したり子どもが塾に行っているとかで家族で一緒に食事をすることが難しくなってきた。また、住宅事情も良くなり、この頃の家は個室型である。家族はほどほどに食事を済ませるとさっさと自分の部屋に入ってしまう。

一方、外食産業の側にも新しい経営手法を取り入れることが可能になった。集中調理方式の導入によって調理コストを下げ、冷凍車で運搬することによって配達が可能になった。店舗では厨房施設は必要がない。しかし、外食産業は時間帯による客の繁閑の差が大きいのでパートタイマーやアルバイトを入れて対応している。こうして店舗数が増えれば増えるほど効果が大きくなる。ファーストフードチェーン、ファミリーレストランが全国的に展開しているのはこうした国民の多様なニーズに対応して新技術を開発し、経営の革新を進めているからである。

わが国が経済成長を始めた一九六〇年代頃から「流通革命」という言葉が盛んに使われるようになった。大量生産体制に対応して大量消費市場が形成され、大量販売体制として大型小売業が登場した。大型小売業は小売りの流通経路を短縮し、流通の合理化を推進して消費者のニーズにこたえようというものである。

こうした大型小売業がスーパーマーケットと呼ばれる量販店である。当初は食料品、日常雑貨が中心であったが、さらに衣料品や家電製品にまで広げ、低価格とセルフサービスを武器に次々と店舗を全国的に展開した。その典型はダイエーであろう。もともと日本の小売業界は百貨店と一般小売店とで成り立っていたところにスーパーマーケットが登場して流通業界の競争は一段と激しくなった。

高度経済成長期には郊外の人口増加に対応してスーパーマーケットが道路沿いに立地するケースが増えた。クルマ社会に対応して広い駐車場を確保し、ドラッグストアーやファミリーレストランなどまで併設したスーパーマーケットが登場するようになった。

五．多文化共生社会

グローバリゼーションによって貿易の自由化が進み、投資マネーが国境を超えて金融市場を駆け巡るだけではない。ヒトの大移動も起きている。少子高齢化の進む日本では分野によっては労働力不足が深刻で自動車産業の盛んな静岡県浜松市や群馬県太田市などではブラジル人が多数住んでいる。彼らは労働条件、言葉、子どもの教育など様々な問題を抱えている。フィリピンでは看護師として日本で働きたいという学生が多いという。

外国人研修・技能実習制度は発展途上国への技術移転や人材育成を目的として一九九三年に始まったものである。これまでは来日から一年間の研修だけでは労働関係法令が適用されなかったが、各地でトラブルが発生したので入管難民法が改正され、日本語研修など二か月受ければ、労働関係法令が適用されることになった。また、二〇〇六年には、フィリピン人看護師・介護福祉士の日本への受け入れを盛り込んだ経済連携協定（ＥＰＡ）が日本とフィリピンの間で締結された。

日本には約二〇〇万人の外国人がいると言われており、このうち少なくとも半数が職についていると推測されるが、その多くは正式な就労査証を取得していないと言われる。留学生や研修生の名目で入国し、いわゆる単純労働に就いていると言われている。問題はあるものの、こうした外国人労働者なしでは成り立たないのが日本の実情である。

いま、日本経済は深刻な危機的状況にあるが、こうした状況を救う一つの手段として政府は観光を重視しはじめた。今まで所得制限が厳しく中国からの観光客は少なかったが、政府が査証取得の所得条件を緩和したので中国からの観光客が増えている。中国人観光客にわれわれはどう対応すべきであろうか。

関根政美は社会学者ロバートソンがいう世界のシステム的統一化や世界の文化的同質化のみの観点からグローバリゼーションを見ることはできないという主張をもとに「グローバリゼーション

は、各地域・各国間の共通性を高めると同時に異質性をも強める複雑な社会変動を引き起こす」[4]と述べている。ただ、その場合でも駒井洋が「日本における多文化主義政策の確立に当たっては、当然のことではあるが、あくまで日本で進展している実態に依拠しながら、日本独自の日本型多文化主義を構想しなければなるまい」[5]というように多文化主義一般ではなく、あくまでも「日本型多文化社会」の構築がきわめて重要である。

いずれにしても、いかにして「多文化共生社会」の風土を日本に築きあげるかが問われているが、容易なことではない[6]。文化は人びとの様々な創造活動によって生み出されるが、人びとの文化的創造活動を支える条件が変わればそのあり方も当然変わるはずである。われわれはこれまで未曾有の社会的条件の変化を経験してきた。とりわけ、グローバル化の進展と通信手段の革新である。それらがもたらす華々しい新たな文化の創造の影に少数言語による文化的創造や伝統文化の衰退など負の側面を無視してはならない。今日、少数民族の言語や伝統文化は消滅の危機にある。二〇一〇年一〇月に名古屋で生物多様性条約国際会議（ＣＯＰ10）が開催されたが、生物の多様性だけでなく文化の多様性も極めて重要な問題になってきた。新しい文化が生まれることは人類の歴史が証明するが、それを守り、発展させることもまた重要である。

ところで、文化の多様性は教育と極めて密接な関係にある。固有の文化を創造するためには人材の育成が重要であることは言うまでもない。異文化に触れたとき、それを尊重し、受け入れる態度を養うのは教育の他にはないからである。文化多様性条約一〇条A項は教育を通して文化表現の多様性の保護と促進に対する重要性の理解が進むことを締約国に期待している。

神奈川県川崎市の「川崎市ふれあい館」は一九八八年に在日韓国・朝鮮人の差別問題をまちぐるみで克服し、対等な立場で認め合う象徴と位置づけ、日本人と在日外国人の老若男女が集う施設としてオープンしたものである。これまで識字学級や学習サポート、民族文化サークルや人権学習など多岐にわたって活動してきた。多文化共生の活動である。草の根の文化交流がきわめて重要である。

六. インバウンドの誘致と人手不足

日本を訪れた外国人旅行者が二〇一八年に初めて三〇〇〇万人を超えた。一〇〇〇万人を超えた二〇一三年からわずか五年間で三倍にも増加した。二〇一八年は西日本豪雨災害で当初は減少するとみられていたが、その後は回復基調に転じ、三〇〇〇万人を超えた。訪日客が増加したのは中国へのビザの発給要件の緩和、近隣国への航空路線の拡充などがあげられる。

外国人観光客の比率を都道府県別にみると、東京、大阪、京都などに多いのは言うまでもないが、そのほかでは自然の豊かな北海道、韓国との距離の近い福岡県や富士山の眺望が良い山梨県、静岡県が多い。中国では富士山の眺めに人気があるが、その中国からの団体旅行客の多いのが山梨県である。原爆ドームのある広島県はアメリカやイギリスからの来訪者が多い。北海道は雪景色や大自然を求めて香港などから訪れる人が多い。

かつて、中国人観光客の「爆買い」が話題になったが、最近は「モノ」から「コト」に重点が移ったようである。二〇一九年二月には「春節」を楽しむ中国人観光客がスキー場にどっと押し寄せ、どこのスキー場も中国人でいっぱいである。かつての「爆買い」から「爆滑り」に代わったのである。あるゲレンデでは八割以上が中国人であるという。中国政府も二〇二二年には冬季オリンピックが北京で開催されることが決まっているので国策としてウィンタースポーツの人口を増やそうとしているが、雪質の良い日本のスキー場を求めているという。スキー場でも春節の期間は特別にスノーバギーなど夜のゲレンデを楽しめるイベントを増やしている。

観光庁は二〇一七年に日本を訪れた外国人旅行者の消費額が前年比一七・八パーセント増の四兆四一六一億円となり、過去最高を記録したと発表した。訪日客の日本での消費金額は莫大なものである。訪日客の日本での行動はかつてのように団体ツアーによる「爆買い」から最近は日本ならではの体験を求める個人旅行へと様変わりである。最近、政府は「星空」、「古民家」、「酒蔵」といったテーマで複数のテーマで複数の地域を周遊する観光ルートを設定して地域の活性化に力を入れている。

昔ながらの町家の残る景観が急増する観光客を引き付けている。江戸時代からの古い町家が比較的残っている奈良県の奈良町では多くの外国人観光客でにぎわっている。奈良市は一九九〇年に都市景観条例を制定し、九四年には奈良町の約四八ヘクタールを都市景観形成地区に指定し、新築、改築時の届け出を義務付けた。それでも、町家の減少に歯止めがかかったわけではない。少子高齢化で後継者がいなくて町屋が減少するというケースも少なくない。町家の保存・継承は単に建物を保存すればよいというものではない。地域に残る伝統文化や生活様式が継承されてこそ魅力が高まる。各地域が地元の資源を生かし、体験型の「コト」の消費を促すなど、外国人が日本の文化や風習を体験できる仕掛けが必要である。国際空港の発着枠の拡大、パイロット不足の解消などにも努めなくてはならない。

政府は訪日観光客が日本経済を支える重要な柱と位置付けており、今後、「観光立国」を目指して中国や韓国、台湾、香港以外の国にも働きかけるという。東京オリンピック、パラリンピックが開催される二〇二〇年には四〇〇〇万人を目指している。しかし、アテネ、北京、ロンドンの例を見ると、オリンピックの開催年や会期中はむしろ一般観光客が減少する。ホテル代の高騰や移動の不便をともなうからである。目標人数の達成にこだわるよりも長い目でみて満足度の向上や課題の洗い出しに力を入れるべきである。

京都市内の年間消費は一兆円を超え、京都の消費をけん引していることは事実であるが、観光客の増加に京都では市民が悲鳴を上げている。外国人が増えすぎて日本人が遠ざかるようになった。ホテルや簡易宿泊所が乱立して街並みが変わり、地価も高騰した。日本の文化やマナーに対する観光客の無理解や誤解にも起因して市民とのトラブルも生じている。京都市はごみのポイ捨てや分別、マナー違反をまとめたパンフレットを配布しているが、観光客に浸透しているとは言えない。

政府が目標とする観光客・四〇〇〇万人の達成には訪日客の行先を「都市圏」から「地方圏」に広げることが欠かせない。これまで外国人客の訪問先は東京を拠点に富士山や京都・大阪をたどる「ゴールデンルート」が定番であった。外国人の宿泊先に占める東京の割合は低下しており、「脱東京一極集中」が進んでいる。北海道や福岡に人気が増えている。二〇一九年二月七日の十勝毎日新聞によれば、二〇一八年の帯広空港の東京（羽田）線の利用者数は前年比一・六パーセント増の六六万七九三二人で過去最高を記録したという。やはり、北海道が積極的に観光客の誘致に取り組んでいるからである。

観光政策としては地方の魅力ある観光資源を発掘して外国人に周知して訪問先を分散させなくてはならない。大都市や人気のある観光地ではホテルなどは満杯状態である。東京や大阪などの大都市圏を除く宿泊者数は二〇一七年にはじめて全体の四〇パーセントを超えた。地方の宿泊者を増やす努力も欠かせない。

岡山県では、二〇一七年に県内に宿泊した訪日客は三二万人で、前年度を一〇万人も上回った。

岡山空港への直行便の拡充や岡山の宣伝などが功を奏したものとみられる。もとより、岡山県は自然や温泉、観光地などに恵まれている。岡山の後楽園や倉敷の大原美術館などの観光地のほか湯原温泉など県北の三温泉地など資源にも恵まれている。ただ、温泉地への交通アクセスが問題である。とはいうものの海外の認知度はまだまだ低い。

岡山県がまとめた二〇一七年の観光客動態調査によれば、県内を訪れた観光客は前年比九・八パーセント減の一五八九万五〇〇〇人と四年ぶりに前年実績を下回った。一七年観光客の内訳は県内客が二二・九パーセント減の五九四万三〇〇〇人と大幅に減少した。一方、県外客は〇・六パーセント増の九七五万二〇〇〇人とほぼ横ばいであった。岡山空港と直行便で結ばれる台湾などからの訪日客が三倍以上増え、全体を下支えした格好である。日帰り客は一〇九五万人であったのに対し、宿泊客は〇・九パーセント増の四七四万五〇〇〇人であった。観光地別でみると、倉敷美観地区が三〇四万八〇〇〇人で四五年連続トップである。このほかでは後楽園・岡山城周辺、蒜山高原と続いた。

日本政策投資銀行岡山事務所は岡山県のインバウンド（海外からの誘客）に関するアンケート調査結果によれば、アジア・欧米など一二地域の海外旅行経験者へのアンケートで、岡山の認知度は一一・四パーセントにとどまり、二〇一七年の前回調査（一二パーセント）より下がった。誘客には他地域とも連携した広域的な情報発信も必要であろう。

訪日客の増加は必ずしも喜ばしいことばかりではないようである。京都や鎌倉など外国人に人気の高い観光地では交通混雑や住民との摩擦など「観光公害」といわれることが問題になっている。マナーや生活習慣の違いも各地であつれきを生んでいる。二〇一八年に相次いだ自然災害では訪日客への情報の伝達が問題となったが、多言語による情報の伝達が課題となった。また、大勢の観光客を受け入れたことで国際線の座席がすぐに埋まり、日本人が希望通りに確保しにくい状態が続いている。輸送力の増強も緊急の課題である。

ところが、日本ではいま人手不足が深刻である。人手不足によって二〇一八年には前年度の同時期に比べ、企業倒産は件数・負債総額ともに上回った。従業員が確保できないで継続が困難になったり、社員を引き留めるために賃金を無理やり引き上げたため収支が悪化したというケースが目立つ。それでも、条件の良い仕事を求めて若者たちの都市部への流出は止まらず地方の人手不足は都市部よりも深刻である。人口減少が地域社会に広がっており、建設業など地域経済を支える産業は人手不足が深刻になっている。地方議員のなり手がなく議会の存続が危ぶまれ、自治体の運営も難しくなっている。

少子高齢化が進む中で貴重な働き手を確保しようと東北や九州の自治体では地元企業への就職につながる支援策を次々と打ち出しているが、若者の大都市志向は強く、企業の間では人材確保が重要な経営課題として浮上している。高卒就職者の県外就職者の比率は高く、佐賀県では高校生の県外就職先は四四・二パーセントが県外である。奨学金の返済免除など優遇措置を講じているものの成果は上がらない。

大学や大学院卒業生を計画通り採用できない企業が増えている。時事通信（二〇一九年一月一三日）によれば、二〇一八年一〇月一日現在の企業の充足率（新規採用予定数に対する内定数の比率）は全国平均で八〇パーセントと前年の同じ時期より四・三ポイント低下した。大都市圏の充足率は京阪神が九割を超え、首都圏と中部・東海もそれぞれ九割台後半に達するなど高水準にある。景気拡大と若年人口の減少で慢性的な人手不足が続くなか多くの大学や企業が集中する都市部のほうが地方より人材を確保しやすい状況にあるとみられる。しかし、北海道や東北、四国などの地方では充足率が五割前後にとどまる採用難が深刻になっているという。

日本で働く外国人は二〇一八年一〇月現在では一四六万人であるが、外国人の人気は賃金の高い東京、大阪などに集中しており、介護施設で働く人を地方で育てても都市部に流出する傾向が強く、地方の危機感は強い。政府の対応が求められる。

外国人労働者の受け入れを拡大する改正出入国管理・難民認定法（入管難民法）が野党の反対を抑えて二〇一八年一二月八日、国会で成立した。野党の反対を抑えてまで国会で強行採決せざるを得ない背景と今後の課題を明らかにしたい。

（一）入管難民法

日本への出入国に関する手続き、外国人の在留資格や退去強制制度、難民認定の田續などを定めた法律である。日本が難民条約に加盟したのに伴い、一九八二年に「出入国管理令」から現在の名称に変更された。在留資格は現在、外交や公用、高度専門職、興行など三六種類あり、今回の改正では「特定技能一号」と「同二号」を新設する。一号は比較的簡単な仕事を担うもので、在留期間は最長で五年で家族の帯同は不可で、二号は「熟練した技能」が必要で、配偶者と子供を帯同しての事実上の永住が可能である。

人手不足を補うため、外国人労働者の増加を図るのが目的である。二〇一九年四月から施行し、二年後には見直しを検討する。新しい制度の導入を目指す二〇一九年度から五年間に介護業に六万人、外食業に五・三万人、建設業に四万人など一四業種で最大三四万五一五〇人を受け入れる計画である。

人材確保を目指して各地の自治体は移住者の受け入れに期待を寄せているが、日本全体の人口が減少するなかでは限界がある。自治体の関係者はほかの自治体にない魅力で引き付けようとしているが、なかなか難しい。

人手不足による倒産は中小零細企業に集中している。経営体力が弱いため、ＩＴ化や自動化などの省力化投資にはおのずと限界がある。従業員をつなぎとめるために成長性を度外視して賃上げしたため破綻したというケースもみられる。外国人労働者数は二〇一七年までの五年間に約一二八万人と倍増した。外国人労働力をこれまで以上に活用できれば、人手不足に悩む企業には大きな力となるに違いない。しかし、外国人労働者の増加によって国内の労働者の賃金が伸びないとか、生産性の向上が進まず、日本経済の活力が失われる恐れもある。また、流入が急増すると、日本社会との同化が進まないとか外国人への不満が募るという問題もある。

人口減少が深刻な地方では農業だけでなく、多くの労働市場ですでに外国人抜きでは語れない状況である。とくに、農業では季節により労働力の状況に偏りがあり、綿密な制度設計が重要であることは言うまでもないが、制度導入が労働力不足を解消するのではなく、解決に向けたスタート地点にようやく立つのだという自覚が必要である。建設業では「外国人がいないと建設現場は立ち行かない」（千葉日報、二〇一八年一二月八日）という。しかし、外国人労働者は都市部に集中し、地方の人手不足解消につながらないのではないかという声もある。外国人労働者が地方で働く何らかのインセンティブを設ける必要があろう。

中国山地の山間に過疎に悩む町がある。広島県安芸高田市は二〇〇四年に旧六町が合併して誕生したが、合併当時には三六〇〇〇人であった人口は現在では二九〇〇〇人にまでに減少した。市長は「何もしなければこのまちを支える人がいなくなる」と危機感をいだき、外国人を積極的に受け入れ、「人権多文化共生推進課」まで新設した。相談員や通役員を配置するなど外国人が住みやすく、働きやすい環境を整えてきた。現在、外国人は六九〇人で、三〇年前の約四倍に増えた。市長は対話する機会を設け、生活習慣などに対する理解を深められるようにした。

(二)　多文化共生社会への課題

駒井洋によれば「『多文化共生社会』とは『多文化主義』の理念にもとづいて組織される社会」(駒井洋『グローバル化時代の日本型多文化共生社会』明石書店、二〇〇六年、一二八頁)である。その人の生まれ、育った環境、歴史や文化の異なる国や地域では「価値観」が異なる。外国人と共生し、「多文化共生社会」をつくることは難しいことであるが、そのための課題を整理しておきたい。

①　日本語の教育

政府は外国人が人手不足を解消する切り札のようにいう。新制度による外国人は今後五年間に三五万人である。日本にはすでに人口の約二パーセントを占める約二六四万人の外国人がいる。今後、外国人の増加で急速に増加する。われわれはどう対応すればよいだろうか、外国人が日本の社会に適応しやすい環境を整備することである。「共生」どころか「共存」がようやくできつつあるというのが偽らざる現状である。

深刻な人手不足に悩む介護業界では施設入居者の命に係わる場面もあり、専門用語も含めた日本語の読み、書きも含めた日本語能力が課題である。外国人が日本で円滑に働き、社会になじむためには日本語の習得が重要であるが、日本語教育は受け入れ企業やボランティア任せで、教育機関や教師も不足している。最も大事なのは日本語と日本の常識の教育である。残念ながら今の日本語学校の多くは日本語を教えるよりも留学生の資格を与え、アルバイトに励ませている学校が多いと言われている。

文化庁によると、日本語教育機関・施設は日本語学校やＮＰＯ法人、自治体による教育など全国に二一〇九か所あるが、都市部に偏在している。日本語を教える場所がないといういわゆる「空白地域」に住む外国人は五五万人もいると言われている。

②　外国人の権利

今の技能実習制度は働き先や職種が固定されているので失踪事件が起きやすい。職業選択の自由は日本国憲法で保障されている基本的人権である。技能実習制度をこのまま続けてよいか考えるべきである。「日本に来たいという外国人はたくさんいる」という前提で議論しているが、間違いである。「低賃金でも働くだろう」という考えは改めるべきである。日本は住みやすい国、楽しい国であると思われなければ優れた外国人を獲得できない。

雇用されている定住者・永住者はすでに四六万人を超えている。期限制限のない新設の特定技能二号や継続居住一〇年で永住資格を得られる現行制度を踏まえれば定住者はさらに増えるだろう。医療機関に飛び込んでくる外国人が健康保険加入者であるとは限らない。医療という領域では

「権利や制度を超えた『まったなし』の必要と絶対の至上命令がある」（宮島喬『外国人労働者と日本社会』（明石書店、一九九三年、一二七頁）があるからである。

③　多様な人々との共生社会

外国籍、女性、子供、高齢者、性的少数者などさまざまな外国人に日本に住んでもらう意義は大きい。多様な個性が生き生きと暮らす社会で、価値観や文化の異なる数多くの外国人と暮らす社会にこそ未来はある。

二〇一九年六月には首脳二〇か国・地域（G二〇）首脳会議が大阪で開かれる。二〇年の東京オリンピック・パラリンピックに向けた準備も加速する。異なる歴史や文化を持つ人びととといかに手を携えていくか、多くの人がそんな問いに向き合わなければならない機会が増えるであろう。私たちは家庭で共稼ぎしながら仕事と家事、育児の両立に悩みながら助け合って乗り越えなければならないだろう。二〇一九年は「共に」という言葉がいっそう重みをもつ年になるのではないだろうか。

④　外国人受け入れの窓口

先に成立した改正入管難民法は詳細な制度設計を先送りしており、具体的な対応策を示していない。外国人の受け入れにあたって自治体の間には不安や戸惑いが広がっている。早急に具体策を示さなくてはならない。外国人に対し、住宅、仕事、教育、医療など多様な言語で対応しなくてはならない。過去には雇用者側の賃金不払い、実習生の失踪などのトラブルもあった。

⑤ 国家戦略の説明

文化や言語など異なる価値観を持つ外国人への丁寧な説明が必要である。外国人を受け入れなければ経済も社会保障も崩壊寸前の日本である。日本は島国で、長い間、「単一民族」で同質性と外国人に対するアレルギーが根強い。日本のルールと価値観を丁寧に辛抱強く外国人に説明しなくてはならない。

なお、外国人労働者が大都市圏に集中しないように必要な措置を講じなければならない。国立社会保障・人口問題研究所による地域別将来推計人口では、都市圏に若年層が集中し、「地方の衰退」が止まらない現状が浮き彫りになった。政府は東京一極集中を是正するため高齢者の地方移住をにらんだ「日本版ＣＣＲＣ」構想を進めているが、成果は上がっていない。

七．文化政策と文化行政

一九七〇年代後半になると、国民の意識は「物」の豊かさから「心」の豊かさへと変化し、現在では多くの国民が「心」の豊かさを重視している。政府は二〇〇一年に「文化芸術基本法」を制定し、翌二〇〇二年には「文化芸術の振興に関する基本的な方針」を閣議決定した。その中で、文化芸術の振興の意義について①人間が人間らしく生きるための糧、②共に生きる社会の基盤の形成、

③質の高い経済活動の実現、④人類の真の発展への貢献、⑤世界平和の礎の五点を挙げている。

このような文化の意義について考えると、文化の中核である文学・伝統芸能・スポーツ・芸術・生活文化などは芸術家や各種文化芸術団体、あるいは一部の芸術愛好家だけのものではなく、すべての国民が真にゆとりと潤いのある心豊かな生活を実現するために不可欠なものであり、国民全体の共通の財産であるといえよう。したがって、個人・企業・各種団体・地方公共団体・政府などそれぞれが文化芸術の担い手であることを十分認識し、相互に連携して文化・芸術の振興を図らなくてはならない。

次に文化を通じて国民の創造性を涵養しなくてはならない。観光産業の振興や文化産業などは地域経済の活性化に役立つものである。第三には、今日快適で誇りの持てる空間の創出が求められていることである。都市空間そのものが文化の表現であり[7]、文化の創造の場であることを忘れてはならない。

第四に今日、都市の再生が急務の課題になっていることである。都市の再生には高度な知識産業への構造転換の波にのることである。国の画一的な政策に依存するだけでは成果は上がらない。今日、都市を再生するのは箱物ではなく、市民であり、その都市の文化・芸術である。「創造都市論」に代表されるように文化政策の観点から新たな都市を論ずることが求められている。文化を重視した都市政策が従来の文化政策と明らかに異なるのは、「文化」資源を地域の活性化のために積極的に活用しようとする姿勢にある。文化財はただ単に修復や保存のためだけに、あるいは芸術は鑑賞のためだけにあるのではなく、地域の活性化のためにどのように活用するかという観点から政策の対象となりうる。西川幸治は「地域のすぐれた伝統を示す地域の文化財を変貌する地域社会のなかに積極的に活用し、発展させていく動態保存の手法を開拓し、同時に急激に変化する歴史的環境を地域の生活空間のなかに確個として位置づけなければならない」(8)という。端信行も「重要なのは、既存の文化財や芸術という枠組みにとらわれずに、地域・都市が有している有形・無形の固有の資源を再発見・発掘し、それらを『文化資本』として価値・意味づけ、創造的に演出する着想と手法である」(9)という。第五に地方分権時代には地域社会の維持、発展を文化政策として捉えなくてはならない。

ところで、今日行政に求められているものは文化行政である。樺山紘一は文化コンセプトの変動とともに、文化の担い手は急速に拡大し、いまや専門家の狭いサークルのみが文化を独占し、領導すると考えるのは極端な時代錯誤であるとして、文化の担い手が専門家、市民・住民、企業にくわえて行政が第四の主体になろうとしているという(10)。

そのさい、文化行政の基本的な視点として森啓は次の六点を挙げている。「①文化の内容を文化庁のように狭い意味での芸術文化ではなく、地域の文化あるいは生活文化の視点で捉える、②地域の個性を重視し、自治体独自の総合行政である、③縦割りの文化行政ではなく、全行政分野が文化行政の対象である、④地域の文化の問題は地域の市民が主体である、⑤市町村行政が基本であり、都道府県は補完と事務局の役割に徹するべきである、⑥このような文化行政を推進するためには「行政の文化化」、すなわち行政総体の文化的自己革新が基本とならなければならない」[11]と述べている。

ところで、文化を地域との関係で捉えるなら地域の個性、あるいは魅力を高める上で文化は極めて重要である。ところが、これまでの日本は地域の文化をどれだけ重要だと認識していたであろうか。近代化の文化遺産として建物をはじめとする貴重な文化財を保存するという観点が欠けていたのではなかろうか。日本の都市政策は経済が中心であって、都市再開発という名のもとに破壊してしまい、歴史の記憶を蘇らせる手段を失ってしまった[12]。

注

(1)丸山哲史『文化のグローバル化』ミネルヴァ書房、二〇一〇年
(2)丸山哲史『文化のグローバル化』ミネルヴァ書房、二〇一〇年、一九九－二〇〇頁
(3)森　明子『世界でお茶を』淡交社、二〇〇八年
(4)関根政美『多文化主義の到来』朝日新聞社、二〇〇〇年、一六頁
(5)駒井　洋『グローバル化時代の日本型多文化共生社会』明石書店、二〇〇六年、一三四頁
(6)岡山県が多文化共生の地域づくりに役立てるため、二〇一〇年に一九九一年以降の外国人登録者二〇六四人にア

ンケート調査した結果によれば、日常的な付き合いも四割近くが同じ国の出身者にとどまっており、外国人の地域社会での交友が広がりにくい様子がうかがえた（山陽新聞、二〇一〇年七月一八日）。

（7）市川宏雄『文化としての都市空間』千倉書房、二〇〇七年

（8）西川幸治『歴史の町なみ、中国・四国・九州・沖縄編』日本放送出版協会、一九八七年、一二頁

（9）端　信行・中牧弘允、ＮＩＲＡ編『都市空間を創造する』日本経済新聞社、二〇〇六年、三四七頁

（10）森啓編著『市民文化と文化行政』学陽書房、一九八八年、三八頁

（11）上田篤編著『行政の文化化』学陽書房、一九八三年、二二八頁

（12）青木　保『多文化社会』岩波新書、二〇〇三年、一七頁

おわりに

「文化」は人間の生き方であり、行動様式である。一九六〇年代以降、日本経済の高度成長は地域社会に大きな変動を与え、国民が豊かになり、自由時間の増大、女性の社会進出、都市化、グローバル化などによって日本文化にも大衆化、日常化、多様化、個性化がみられるようになった。

しかしいま、日本は大きな転換期にある。一九六八年にドイツを抜いて世界第二位の経済大国になり、四〇年余りその地位を維持してきたが、二〇一〇年についにその地位を中国に譲り渡す結果となった。問題は序列ではなく、日本経済の停滞である。一九九〇年代はしばしば「失われた一〇年」と言われてきたが、その後も多少の変動は見られたものの、基本的には変わりはなかった。そのため、文化活動にも大きな影響が出ている。例えば、歌舞伎座の一つ、名古屋の御園座は二〇一一年三月に入場者数の減少で五億九五〇〇万円の赤字となった（毎日新聞、二〇一一年五月一三日）。

一九六〇年代には日本は「東洋の奇跡」とさえ言われるような高度経済成長を達成したが、それは日本が産業構造を変え、世界に先駆けて「工業化社会」を実現したからである。工業化社会は大量生産、大量流通、大量消費の社会であり、日本は生産だけでなくそれに対応する流通、消費のシステムを完成させた。もちろん、その結果として「大量廃棄」が生じ、いま深刻な環境問題に直面していることは言うまでもない。この仕組から脱却する新たな仕組みが「脱工業化社会」である。物質主義一辺倒の文明から脱却して、新しい人間的な価値に基礎をおく社会を求め続けており、すでに各分野で取り組まれているものの今なお完成していない。その一つが「文化」を基軸にした社会システムである。

わが国には古くからの伝統文化に加え、中国や欧米の文化まで多様な文化を取り入れ重層的に存在する。いま、社会の変動に対応してこの伝統文化をどのように対応させるかが問われている。経済成長の結果、豊かになった国民の多くは精神的なものを求め、「生活の質」を高めようとしている。経済成長の過程で、日本の街もムラも画一的になり、個性がなく魅力もなくなり、都心は空洞化してしまった。さらに、一九九〇年前後から急速に進んでいるグローバリゼーションにどう対応するかが問われている。「文化」は重要な核になりうるが、社会の変動の中で揺れ動きつつある。

本書はこうした日本の社会変動の中で日本の伝統的な「文化」がどのように変わっているか、新しい文化がどのように関わっているかを問題にしたものである。

日本文化は日本の自然や風土と深い関わりを持っており、切り離して考えることはできない。温暖な気候のもとで自然の恩恵を受けて育った日本文化は中国や欧米諸国の文化を受け入れながら独自の文化を育ててきた。しかし、いま日本の社会の大きな変動の中でその存在が問われていると言っても過言ではなかろう。

日本の伝統文化は随所に見ることができる。『遠野物語』や『武士道』などの小説や寺院・神社、茶道や華道などに見ることができる。これらは変容し、特定の階層の人びとから大衆化してその底辺を広げている。また、康楽館（秋田県）や金丸座（香川県）の歌舞伎のように廃止されていたものが再生されている。多くの国民が求めている証拠である。

また、日本文化の多様性は多くの人が指摘しているが、「祭り」をみても伝統的な古くからの祭りと新しいものまで全国各地に存在する。さらに、テーマパーク、博覧会まで挙げると祭りは形を変え、内容を変えながら一年中どこかで開かれていると言っても過言ではない。それだけ、国民が「祭り」に何かを求めているのであり、エネルギーを発散させているともいえよう。

しかし、地方の農村では伝統的な祭りが人口の減少と過疎化、高齢化で維持できなくなっている。農業の衰退によって古くからの共同体機能が失われたからである。日本文化の一つである祭りを維持するためにも過疎化・高齢化を食い止めなくてはならない。生活文化にしろ、祭りにしろ日本の伝統文化のよって立つ基盤がゆらいでいる。しかし、その一方で新しい文化が芽生えつつあるのも事実である。

さらに、日本文化の特徴の一つとして挙げられるのは「文化の重層性」である。伝統的な相撲は日本の国技であるが、さらに欧米から野球やサッカーを取り入れ、今日では若者の多くが野球やサッカーに集まる。野球を除くと、こうしたスポーツはアジア大会、オリンピックなど国際的なスポーツでも開催されており、今日に至っている。今日、スポーツは国民の多くが鑑賞するだけでなく、自らも関わり、健康の維持・増進を目的にしている。

スポーツに限らず、日本文化は古いものと新しいもの、東洋的なものと西洋的なものが融合して重層的に存在するところに特徴がある。しかし、「融合」とはいえ、日本文化の伝統が失われつつある。「文化」は日本人の心に関わるだけでなく、それが日本の自然や風土、歴史などと関わる限り土地と結びついたものである。近年、政府・自治体をはじめ、住民団体などが「まちづくり」にも関わらせて取り組んでいるのは当然のことである。美術館、景観、河川などいずれも「まちづくり」との関わりからである。まちづくりや地域づくりで「文化の創造」が強調される所以である。われわれは行政の文化化を超えて文化の行政化を目指さなくてはならない。日本の政府・自治体は厳しい財政事情を理由に文化に関わる予算を減額しているが、日本の将来を考えると決して減らしてはならない。

最近、日本経済の急速な停滞に伴い四十数年間維持していた世界第二位のGNPは中国に追い抜かられ、第三位に転落し、政治の世界では与野党の対立による混乱、大相撲の世界では八百長問題などがあり、さらに二〇一一年三月一一日には「東日本大震災」が発生し、関東大震災以来といわれるほど大規模な震災が発生した。国民の多くが閉塞感を感じているに違いない。若者の多くが政治に無関心でスポーツやアニメに興味をもつのも当然のことであろう。

最後に問題にしなくてはならないのは、グローバリゼーションの問題である。音楽、ドラマ、マンガ、アニメなど現代の若者文化は日本、中国、韓国などで驚くほど共通の文化となりつつある。このこと自体は素晴らしいことであるが、同時に日本的な個性を追求しなくてはならない。日本はいま様々な面でグローバリゼーションの危機にさらされているが、「文化」も言うまでもない。いま、これにどう対応するべきかが問われている。大きな社会変動の中で行政も企業も伝統的なものから脱却せざるを得ない。しかし、文化のグローバリゼーションが進む現代では、今ほど個性的な日本文化が求められているときはない。日本的な文化との共存の道を探らねばならない。さらに、外国人や異文化に対しても新たな対応を迫られている。「多文化共生社会」の実現である。

なお、日本の食文化も最近の社会変動によって従来の形態も内容も大きく変わっており、修行僧の精進料理やコンビニに関連して多少取り上げたものの、本書ではほとんど問題にしていない。今後あらためて論じたいものである。

二〇一一年八月

著者

改訂増補版あとがき

安倍内閣の成長戦略のひとつとして二〇一四年に「地方創生」事業が取り上げられてから人口の減少・過疎化に悩む地方自治体の多くは地方創生事業に取り組んでいるが、成果が上がらないままである。地方自治体のなかには「地方消滅」の危機感さえ漂っている。地方自体と民間企業、市民が「協働」で「ふるさと創生」に取り組む以外にないのではないか。その際、文化の振興は極めて重要である。

本書が文化の振興と生活文化の見直しを通じて「東京一極集中型の国土構造」を多極分散型の国土構造に転換し、地方振興の一助となれば筆者としては望外の喜びである。

参考文献

小林達雄・春成秀爾・藤本強・田村晃一『日本文化の源流』学生社、一九八八年
佐々木高明『日本文化の基層を探る』ＮＨＫブックス、一九九三年
佐々木高明『照葉樹林文化の道』ＮＨＫブックス一九八二年
玉城　哲『稲作文化と日本人』現代評論社、一九七七年
梅棹忠夫『日本とは何か』ＮＨＫブックス、一九八六年
林　周二『経営と文化』中公新書、一九八四年
鈴木大拙『禅と日本文化』現代教養文庫、一九六七年
石田英一郎「『日本文化論』筑摩書房、一九六九年
梅原猛『日本文化論』講談社学術文庫、一九七六年
加藤周一『日本人とは何か』講談社学術文庫、一九七六年
多田道太郎『身辺の日本文化』講談社学術文庫、一九八八年
ドナルド・キーン『日本人の美意識』中央公論社、一九九〇年
山崎正和『日本文化と個人主義』中央公論社、一九九〇年
司馬遼太郎『この国のかたち』文芸春秋、一九九〇年
堺屋太一『日本とは何か』講談社、一九九一年
井上宏生『神さまと神社』祥伝社新書、二〇〇六年

藤田　洋編『文楽ハンドブック』改訂版、三省堂、二〇〇三年
竹本住田夫『文楽のこころを語る』文藝春秋、二〇〇九年
五来重『仏教と民俗』角川文庫、二〇一九年
ルース・ベネディクト『菊と刀』現代教養文庫、一九六七年
梅棹忠夫・多田道太郎編『日本文化の構造』講談社現代新書、一九七三年
会田雄次『日本の風土と文化』角川書店、一九七二年
青木　保『「日本文化論」の変容』中央公論社、一九九〇年
菅原正子『日本人の生活文化』吉川弘文館、二〇〇八年
三浦　展『団塊世代の戦後史』文藝春秋、二〇〇七年
樺山紘一・奥田道大編『都市の文化』有斐閣、一九八四年
日下公人『新・文化産業論』東洋経済新報社、一九七八年
尾藤正英『日本文化の歴史』岩波新書、二〇〇〇年
駒井　洋『グローバル化時代の日本型多文化共生社会』明石書店、二〇〇六年

■著者紹介

中藤　康俊　（なかとう　やすとし）

1939 年　岡山県生まれ
1970 年　名古屋大学大学院博士課程修了
現　在　中部大学特任教授　北京・外交学院交換教授
岡山大学名誉教授　農学博士
華東師範大学（中国・上海）顧問教授

著　書　『現代日本の食糧問題』（汐文社、1983 年）
『人文地理学入門』（古今書院、1985 年、中国・気象出版社、1999 年）
『戦後日本の国土政策』（地人書房、1999 年）
『環日本海経済論』（大明堂、1999 年）
『日本農業の近代化と経営』（古今書院、2000 年）
『地域政策と経済地理学』（大明堂、2002 年）
『北東アジア経済圏の課題』（原書房、2007 年）
『冷戦後の北東アジアと日本』（大学教育出版、2008 年）
『地方分権時代の地域政策』（古今書院、2008 年）
『水環境と地域づくり』（古今書院、2010 年）
『日本経済と過疎地域の再生』大学教育出版、2014 年
『過疎地域再生の戦略』大学教育出版、2016 年
『過疎地域再生の戦略』（改訂版）大学教育出版、2018 年
共著書　『激動する現代世界』（大明堂、1999 年）
『北東アジア辞典』（国際書院、2006 年）
編著書　『日本農業の地域構造』（大明堂、1978 年）
『産業地域の形成と変動』（大明堂、1985 年）
『混住化社会とコミュニティ』（御茶の水書房、1985 年）
『都市・農村コミュニティ』（御茶の水書房、1985 年）
『現代の地理学』（大明堂、1990 年）
『国際化と地域』（大明堂、2001 年）
『現代中国の地域構造』（有信堂高文社、2003 年）

改訂増補版

地域社会の変動と文化

2011 年 10 月 10 日　初　　版第 1 刷発行
2019 年 4 月 30 日　改訂増補第 1 刷発行

■著　　者——中藤康俊
■発 行 者——佐藤　守
■発 行 所——株式会社 **大学教育出版**
〒 700-0953　岡山市南区西市 855-4
電話（086）244-1268　FAX（086）246-0294
■印刷製本——モリモト ㈱

ISBN978－4－86692－018－4